Thomas Weißenborn

SAG MAL, WAS DU GLAUBST!

Thomas Weißenborn

Sag mal, was du glaubst!

Mit Kindern über den christlichen Glauben sprechen

Cartoons von Christian Heinritz

FRANCKE
Verlag der Francke-Buchhandlung GmbH

Über den Autor:
Dr. Thomas Weißenborn ist Dozent am Marburger Bibelseminar und unterrichtet u. a.: Bibelkunde, Exegese, Dogmatik, Geistliches Leben. Mit seiner Frau Sabine und vier Kindern lebt er in Marburg.

Die Bibelzitate entstammen in der Regel
der Übersetzung „Hoffnung für alle".

Bibliografische Information Der Deutschen Bibliothek
Die Deutsche Bibliothek verzeichnet diese Publikation in der Deutschen Nationalbibliografie; detaillierte bibliografische Daten sind im Internet über
http://dnb.ddb.de abrufbar.

ISBN 978-3-86122-857-8
ISBN 3-86122-857-2

35037 Marburg an der Lahn
Umschlaggestaltung: Henri Oetjen, Design Studio Lemgo
Cartoons von Christian Heinritz
Satz: Verlag der Francke-Buchhandlung GmbH
Druck und Bindung: CPI Moravia Books, Korneuburg

www.francke-buch.de

Inhaltsverzeichnis

Für Georg Pflüger,
der mich auf die Idee
zu diesem Buch gebracht hat

Ein Wort an die Eltern

„Hört, ihr Israeliten! Der Herr ist unser Gott, der Herr allein. Ihr sollt ihn von ganzem Herzen lieben, mit ganzer Hingabe, mit all eurer Kraft. Bewahrt die Worte im Herzen, die ich euch heute sage! Prägt sie euren Kindern ein! Redet immer und überall davon, ob ihr zu Hause oder unterwegs seid, ob ihr euch schlafen legt oder aufsteht.“ (5. Mose 6,4-7)

Nachdem Gott sein Volk aus Ägypten befreit hatte, schloss er mit ihm einen Bund, in dem zwei Dinge festgehalten waren: Zum einen gab er Israel Gebote, die das Zusammenleben der Menschen und ihr Verhältnis zu Gott regeln sollten. Zum anderen gab er ihnen den Auftrag, ihren Nachkommen zu erzählen, dass und wie Gott sie aus dem „Sklavenhaus“ Ägypten befreit hatte. Hierfür rief er verschiedene Rituale ins Leben, die bei den Juden bis heute gefeiert werden. Diese Rituale sollten nicht nur der Generation gegen das Vergessen helfen, die von den darin beschriebenen Ereignissen unmittelbar betroffen war, sie dienen auch der Weitergabe an die nächste Generation. Und so wurden sie bewusst als Einladung und Aufforderung zum Gespräch angelegt: „Wenn eure Söhne eines Tages fragen, was dieser Brauch bedeutet, dann erklärt ihnen: ‚Der Herr hat uns mit starker Hand aus der Sklaverei in Ägypten befreit.‘“ (2. Mose 13,14)

Wenn dein Kind dich fragt …

Hierbei geht es nicht um eine zufällige Frage, die im täglichen Ablauf einmal auftauchen kann, so wie etwa die, warum

Brot schimmelt oder wieso Blumen Wasser brauchen. Wir kennen alle solche Fragen – und wissen auch, dass sie oft genug schwer zu beantworten sind.

Die Fragen, auf die hier angespielt wird, sind anders, weil es provozierte Fragen sind. Die Eltern bringen ihre Kinder in eine Situation – wie in 2. Mose 13 etwa durch das Ritual des Passahmahls –, in der sie zwangsläufig Fragen stellen werden. Und damit verbunden geschieht die Vermittlung des Glaubens, kommt es zum Gespräch zwischen Eltern und Kindern über die Heilstaten Gottes und die Inhalte der biblischen Botschaft.

Der Auszug aus Ägypten ist über dreitausend Jahre her, die Aufgabe ist dieselbe geblieben. Auch heute stehen wir als Eltern vor der Herausforderung, unseren Kindern den christlichen Glauben in einer Weise weiterzugeben, die sie nicht nur verstehen können, sondern auch so, dass sie erkennen, wie wichtig uns selbst dieser Glaube ist. Denn bei ihm geht es ja nicht um ein bloßes Wissen, sondern um gelebtes Gottvertrauen und seine Begründung.

Die Aufgabe ist groß, und die Herausforderung wird kaum kleiner, wenn man bedenkt, dass frühere Generationen sie leider oft genug vernachlässigt haben. Während die Übermittlung des einen Teils der biblischen Botschaft, die den Bereich der Regeln, der Gebote und der Moral betrifft, meistens noch recht gut funktioniert, liegt bei der Frage nach den Inhalten, nach den grundlegenden Glaubenssätzen, vielerorts einiges im Argen. So zeigen nicht nur Untersuchungen, sondern auch unser alltäglicher Umgang mit Kindern und Jugendlichen, dass in Deutschland eine der unchristlichsten Generationen der letzten Jahrhunderte heranwächst. Unchristlich nicht, weil sie sich moralisch falsch verhielte, sondern deshalb, weil sie von den grundlegenden Wahrheiten des Glaubens einfach keine Ahnung mehr hat. Das Kirchenjahr, seine Feste und ihre Bedeutung – Ostern und Pfingsten, um nur die wichtigsten zu nennen – ist ebenso unbekannt wie der Grobaufriss der biblischen Geschichte oder die Inhalte des Glaubensbekenntnisses.

Diese Lücken kann man nicht mit bloßem Wissen füllen, wie es etwa im Konfirmanden- oder Biblischen Unterricht vermittelt wird, so notwendig das auch ist. Zusätzlich braucht es eine im positiven Sinn lebendige Tradition, die früher ansetzen muss als in der Teenagerzeit.

Und damit kommen die Eltern in den Blick.

Denn Gott hat ihnen – nicht den Erziehern, Lehrern und Pastoren – den Auftrag gegeben, ihren Kindern von seinen großen Taten zu erzählen. Das hat seinen Grund: Von den Eltern können die Kinder am einfachsten lernen. Weil sie sie nicht nur in besonderen Situationen, sondern im alltäglichen Miteinander beobachten, können Kinder bei den Eltern am ehesten erfahren, wie sich gelebter Glaube von bloßem Wissen unterscheidet. Hier sehen sie, welche Konsequenzen er für das Alltagsleben hat und haben kann. Und nicht zuletzt werden sie hier am ehesten ein offenes Ohr für ihre Sorgen, Probleme und Zweifel finden.

Weil gesellschaftliche Unterstützung für diese Aufgabe praktisch nicht vorhanden ist und ihnen auch selbst der Glaube eher schlecht als recht vermittelt wurde, fühlen sich viele Eltern an dieser Stelle noch mehr als sonst überfordert in der Erziehung. Dieses Buch soll da Abhilfe schaffen. Der Untertitel ist dabei Programm: Es soll ein Buch für Eltern und Kinder sein, ein Buch, das die Generationen ins Gespräch miteinander bringt, weil sie es zusammen lesen. Älteren Kindern könnte man es zwar auch zum eigenständigen Lesen geben, aber das bringt die Familie um eine Chance, im Glauben zusammenzuwachsen und sich über das auszutauschen, was jeden Einzelnen im Tiefsten bewegt.

Dieser Ansatz hat Auswirkungen auf die Art, wie das Buch geschrieben wurde. Natürlich stößt die Vermittlung dogmatischer Themen bei Kindern an ihre Grenzen. Man kann nicht erwarten, dass ein Problem, das gestandenen Theologen Kopfzerbrechen bereitet, in einer Weise dargestellt werden kann, dass es ein Sechsjähriger in all seinen Dimensionen begreift. Aber darum geht es auch gar nicht. Ich bin immer wieder erstaunt, welch tief gehende Fragen schon kleine Kinder haben und wie gut sie meine Antworten verstehen. Darauf kann man im Laufe der Zeit aufbauen. Das geht allerdings nur, wenn man sich auf die Ebene der Kinder und ihrer Fragen begibt. Um das zu erleichtern, habe ich versucht, die Inhalte des christlichen Glaubens so darzustellen, dass sie für Kinder verständlich sind. Dazu dient auch, dass die Kinder mit dem „du" in den Texten direkt angesprochen werden.

Ich habe übrigens bewusst auf eine Altersangabe verzichtet. Wie gesagt, dies ist kein Vorlesebuch für Vorschulkinder, auch wenn diese sich häufiger Gedanken über Gott und den Glauben machen, als wir denken (meine tun das jedenfalls). Im Blick auf diese Altersstufe wird das Buch eher eine Hilfe für Sie als Eltern sein. Hier bekommen Sie Gedankenanstöße und ein paar Illustrationen, die Sie im Gespräch mit Ihren Kindern verwenden können, wenn Sie versuchen, ihnen ein Thema auf verständliche Weise nahe zu bringen. Wahrscheinlich werden Sie das Buch dabei eher als eine Art „geistlichen Steinbruch" benutzen, aus dem Sie sich das holen, was Sie in Ihrer Situation gerade brauchen.

Wenn Sie ältere Kinder haben (also solche, die nicht mehr die Grundschule besuchen), dann machen Sie doch das, was

Gott seinerzeit den Israeliten geboten hat: Schaffen Sie ein Ritual. Legen Sie zusammen mit Ihrem Kind einen Termin in der Woche fest, an dem Sie gemeinsam dieses Buch lesen und darüber reden. Anregungen zum Gespräch werden Sie genügend finden. Im Anschluss an den darstellenden Teil gibt es in jedem Abschnitt persönliche Fragen und einige Bibeltexte, über die man sprechen kann. Denn darum geht es letzten Endes. Dieses Buch soll Ihnen eine Anregung sein, wie Sie Ihren Kindern weitergeben können, was Ihnen wichtig ist. Und es soll für Ihre Kinder eine Hilfe sein, ihre Eltern und das, was sie motiviert und ihnen Sinn gibt, besser zu verstehen.

Und wenn Sie schließlich das Buch aus der Hand legen und nicht mehr über die angerissenen Themen, sondern über Ihre Erfahrungen, Gedanken, Werte und Vorstellungen von Gott reden, dann hat dieses Buch seinen Zweck mehr als erfüllt. Bis dahin wünsche ich Ihnen viel Freude beim Lesen und vor allem eine gute und erfüllte Zeit mit Ihren Kindern.

Ist da wer?

Eine Neue in der Klasse

Schulbeginn nach den großen Ferien. „Ich möchte euch eine neue Mitschülerin vorstellen. Sie heißt …“ Bestimmt hast du das schon einmal erlebt. Ein bisschen verlegen steht sie da, ihre Tasche vor den Bauch gepresst, während die Lehrerin erzählt, wo sie herkommt und warum sie ab jetzt in eurer Klasse ist. Und dann kommt der peinliche Moment. Irgendwo muss sie ja sitzen. Plötzlich ist nirgendwo ein Platz frei. Jedenfalls nicht so richtig. Auf dem Stuhl neben Kevin steht immer seine Tasche und am Tisch von Marlene steht nur ein Stuhl, und auf dem sitzt sie selber. Doch neben dir ist noch ein Platz. Etwas zögernd macht sich die Neue auf den Weg. Genervt räumst du deinen Kram zur Seite. Wer weiß, was man von der halten soll.

Den wenigsten Menschen sieht man das an der Nase an. Sicher, es gibt ein paar, die kommen in einen Raum und alle denken: „Oh Mann, die ist sicher ein bisschen komisch.“ Bei anderen denkt man: „Wow, interessanter Typ! Den würde ich gerne mal kennen lernen.“ Aber die meisten sind Leute wie du und ich, nicht besonders auffällig eben. Ganz normal, wie man so schön sagt. Und mit denen muss man einige Zeit verbringen, bevor man sieht, was sie so draufhaben. Dann, nach ein paar Wochen, ein paar Gesprächen und vielleicht einem Abend im Kino, merkt man auf einmal: „Die ist gar nicht so übel. Richtig nett sogar.“ Aber wie gesagt, das kriegt man erst mit der Zeit heraus.

Mit Gott geht dir das vielleicht genauso. Nur, dass die ganze

Sache schon auf den ersten Blick ein bisschen schwieriger ist. Schließlich kann man ihm nicht einfach so auf der Straße begegnen. Du hast von ihm sicher schon einiges gehört und vielleicht auch das eine oder andere gelesen. Und was du so hörst und liest, geht irgendwie in die gleiche Richtung: Ein Leben mit Gott wäre sicher etwas ganz Großartiges. Es muss wunderbar sein, wenn man weiß, dass es da einen gibt, der so groß ist, dass er die Welt mit allem darin geschaffen hat, und der mich trotzdem kennt und liebt. Es muss toll sein, wenn man mit ihm reden kann und er einem sogar zuhört. Und soviel ist klar: Wenn es einen Gott gibt, der dich und mich gemacht hat, dann ist es das Wichtigste im Leben, ihn kennen zu lernen, wichtiger als alles andere. Wichtiger als der Freund oder die Freundin und gute Schulnoten. Wichtiger als ein toller Beruf und eine Villa mit Pool. Wichtiger als gut aussehen und ein schnelles Auto fahren.

Und vielleicht denkst du auch schon einen Schritt weiter. So cool es sein mag, an einen Gott zu glauben – bei der ganzen Sache geht es um noch mehr. Wenn Gott die Welt gemacht hat, dann hat er sich sicher auch ein paar Gedanken darüber gemacht, was mit der Welt passieren soll. Und schließlich bist du ein Teil der Welt. Insofern gibt es vermutlich auch ein paar Gedanken, die Gott sich über dich gemacht hat. Das herauszufinden ist ziemlich wichtig. Es ist so, wie wenn du zum Geburtstag ein „Ding" geschenkt bekommst. Du schaust es dir von allen Seiten an, siehst hier etwas zum Aufziehen und dort ein paar Rädchen zum Feineinstellen. Ein Batteriefach hat es auch. Das Ganze schaut ziemlich kompliziert aus. Und deshalb guckst du die Person an, die es dir geschenkt hat, und fragst: „Was ist das? Wozu kann man es gebrauchen?"

So ist das auch mit deinem Leben. Du kannst dich daran

freuen wie an dem „Ding" zum Geburtstag. Das stellst du einfach ins Regal, und wenn dich einer danach fragt, dann sagst du: „Ich weiß auch nicht, wozu das gut ist. Aber es sieht ganz schön aus da im Regal." Oder du nimmst es und gebrauchst es zu dem, wozu es gemacht ist. Bei so einem Ding weiß das der am besten, der es gemacht hat. Und bei deinem Leben ist das Gott.

Gott und die Strichmännchen

Aber wie kannst du herausfinden, ob es einen Gott gibt oder nicht? Die Meinungen darüber sind ja ziemlich geteilt. Während die einen fest an ihn glauben, sind sich andere ebenso sicher, dass es keinen Gott gibt. Und noch schlimmer: Auch die Menschen, denen Religion wichtig ist, sind sich nicht einig. Die einen glauben an *einen* Gott, andere an mehrere; für die einen ist er mehr so eine Kraft, die irgendwie in jeder Pflanze, jedem Tier und jedem Menschen steckt, für wieder andere ist er so etwas wie ein Vater, den man zwar nicht sehen, zu dem man aber reden kann.

Hier ist es wie so oft: Wirklich beweisen kann man nichts. Wie soll das auch gehen? Schließlich kann ja keiner Gott herbeirufen, so wie man einen neuen Bekannten einladen kann. Aber vielleicht hilft dir ein Bild weiter. Stell dir vor, du nimmst dir ein Blatt Papier und zeichnest darauf ein paar Strichmännchen.[1] Für diese Strichmännchen bist du so etwas Ähnliches wie Gott für dich, denn du hast sie gemacht wie er dich. Und nun stell dir vor, die Strichmännchen würden durch irgendeinen Trick lebendig und fingen an miteinander zu reden. Einer von ihnen ist überzeugt, dass es „irgendwo da draußen"

[1] *Die Idee mit den Strichmännchen verdanke ich Roland Werner.*

den „großen Zeichner aller Strichmännchen“ gibt, der sie selbst und ihre Welt geschaffen hat. Ein anderer kann das gar nicht glauben und behauptet steif und fest, das Blatt Papier, auf dem sie leben, sei alles, was es gibt.

Wie soll nun der eine dem anderen beweisen, dass er Recht hat? Denn sehen können dich beide nicht, schließlich bist du kein Flachwesen, das wie die Strichmännchen auf dem Blatt Papier zu Hause ist. Und selbst wenn du die Nase ganz nah an das Blatt hältst, können sie dich nicht erkennen. Schließlich sind es Strichmännchen, die keine Ahnung davon haben, dass es neben Länge und Breite auch so etwas wie Höhe gibt. Von sich aus können die Strichmännchen dir auch nicht näher kommen. Ihre Welt ist das Blatt Papier, von dem können sie nicht einfach so herunterwandern.

Und so wird die Diskussion auf dem Blatt immer gelehrter und immer heftiger, ein Ergebnis ist nicht in Sicht. Irgendwann reicht es dir. Dir tut das Männchen Leid, das trotz aller Anfeindungen immer verzweifelter an seiner Theorie vom „großen Zeichner" festhält. Du möchtest ihm helfen und legst deshalb einen Finger auf das Blatt. In den Augen der Strichmännchen passiert damit plötzlich etwas Ungewöhnliches: Aus dem Nichts taucht etwas in ihrer Welt auf, das aussieht wie ein Fingerabdruck.

Sofort nehmen ihre Diskussionen eine andere Wendung: Ein paar von ihnen halten das, was geschehen ist, für eine Naturerscheinung. Offensichtlich kann es vorkommen, dass ein vorher weißes Blatt an einer Stelle auf unerklärbare Weise so aussieht wie ein Fingerabdruck. Ein wirklicher Fingerabdruck könne es ja nicht sein, sagen sie, schließlich sei nichts von dem Finger zu erkennen, sondern nur eine Form wie ein Abdruck. Einige andere stimmen dem zwar grundsätzlich zu, sehen dahinter aber keine natürliche Ursache. Denn dass ein Blatt Papier plötzlich so etwas entwickele, könne man sich nur dadurch erklären, dass das Papier selbst lebendig sei. Als logische Folge daraus gründen sie eine Gesellschaft, die sich damit beschäftigt, das „lebendige Papier" zu verehren.

Das Männchen, das vorher an den „großen Zeichner aller Strichmännchen" geglaubt hat, ist ziemlich verwirrt. Dass plötzlich dein Fingerabdruck aufgetaucht ist, zeigt in seinen Augen ziemlich klar, dass es „da draußen" noch mehr geben muss. Andererseits kann sich das Männchen kaum vorstellen, dass dieses Gewirr von Linien (schließlich handelt es sich ja um einen Fingerabdruck) der „große Zeichner" sein soll. Denn wie soll das gehen?

Wenn du nun nach dem Finger auch noch eine Zehe auf das

Papier drückst und dann die Nase, ein Ohr und vieles mehr, wird es bestimmt noch heftigeren Streit unter den Strichmännchen geben. Denn wie sollen sie erkennen, dass diese Dinge, die so unterschiedlich aussehen, alle zu demselben Menschen gehören? Sind es also verschiedene Formen, die so ein Blatt Papier zufällig hervorbringt? Oder gibt es mehrere Wesen, die alle verehrt werden müssen? Ist eins von ihnen etwas Besonderes und die anderen sind ihm unterstellt? Oder liegen alle im Streit miteinander?

Lauter Fragen, die man auf dem Blatt nicht klären kann, denn der Einzige, der die Antwort weiß, bist du. Alle anderen können nur raten. Es gibt also nur eine Möglichkeit, um die Verwirrung aufzulösen: Durch einen ähnlichen Trick wie den, der die Strichmännchen lebendig gemacht hat, verwandelst du dich selbst in ein Strichmännchen und tauchst auf einmal auf dem Blatt auf, um mit den anderen zu reden.

Du gehst also hin und erzählst ihnen, dass das Blatt nicht alles ist, weil es einen gibt, der alle Strichmännchen gezeichnet und lebendig gemacht hat. Und dass dieser „große Zeichner" sich über seine Männchen freut und möchte, dass sie ihn näher kennen lernen. Was dann passiert, kann man sich denken: Ein paar werden dir glauben, andere aber nicht. Die werden dich anschauen und sagen: „Woher willst du das alles wissen? Du bist doch auch nur ein Strichmännchen!" Und so ist es ja auch. Denn wenn du kein Strichmännchen wärst, könntest du nicht mit ihnen reden, weil sie dich gar nicht sehen könnten. Wenn du dich also jetzt wieder zurückverwandeln würdest und wieder so wärst, wie du normalerweise bist, wäre damit nichts bewiesen. Du würdest einfach nur aus ihrer Welt verschwinden. Das sind sie aber schon gewohnt, weil immer wieder einmal Strichmännchen ausradiert werden.

Aber bei dir ist es ja anders, und das willst du den Strichmännchen gerne zeigen. Deshalb versprichst du ihnen, dass du nicht nur verschwinden, sondern auch wiederkommen wirst. Du sagst ihnen: „Wenn ich wieder so werde, wie ich eigentlich bin, könnt ihr mich nicht mehr sehen. Aber damit ihr trotzdem seht, dass ich nicht einfach nur ausradiert werde, sondern wirklich dieses Blatt Papier verlasse und in meine Welt zurückgehe, will ich etwas Besonderes tun, was kein Strichmännchen außer mir kann: Ich werde verschwinden, so als ob ich ausradiert werden würde. Aber dann werde ich wiederkommen, damit ihr merkt, dass ich nicht ausradiert werde, sondern die Kraft habe, auf diesem Blatt zu kommen und zu gehen, wann immer ich will. Denn ich bin mehr als ein Strichmännchen." Und mit diesen Worten verschwindest du, wirst wieder so wie vorher, um dann nach einer Weile zurückzukehren.

Ich bin sicher, ein paar werden dir immer noch nicht glauben und irgendetwas von „magischen Tricks" murmeln, die sie noch nicht durchschaut hätten. Andere aber werden sich überzeugen lassen und dir glauben. Nicht, weil damit die Sache in der Strichmännchen-Welt ein für alle Mal bewiesen wäre, sondern weil sie genug gesehen haben, um dir zu vertrauen.

Alles dreht sich um Jesus

Kehren wir zurück aus der Welt der Strichmännchen in unsere. Auch in unserer Welt, in der vieles geglaubt und angezweifelt wird, gibt es so etwas wie das, was die Strichmännchen erlebt haben: Jesus ist in unsere Welt gekommen und hat von sich gesagt, dass er mehr ist als ein Mensch, nämlich Gottes Sohn. Und er hat etwas getan, was so ähnlich ist wie dein Verschwinden und Wiederkommen als Strichmännchen: Er ist gestorben und auferstanden, also wieder von den Toten zurückgekehrt, diesmal mit einem verwandelten Körper, der nicht mehr sterben wird. Vielen reicht das nicht als „Beweis", dass es einen Gott gibt und Jesus sein Sohn ist. Aber einen besseren kann es nicht geben. Und als Startpunkt für die Suche nach Gott ist er mehr als genug. Doch es kommt darauf an, ob du bereit bist zu vertrauen, denn wirklich nachprüfen kannst du hier nicht viel.

Wenn du allerdings verstehst, dass die Auferstehung von Jesus tatsächlich mehr ist als nur ein unerklärbares Wunder, dann hat das einiges an Folgen. Denn dann ist Jesus die Person, die dir über Gott und die Welt alles mitteilen kann, was du wissen kannst und musst. Es ist wie bei den Strichmännchen. In dem Augenblick, in dem die anderen erkennen, dass das eine kein gewöhnliches Strichmännchen ist, sondern der verwandelte „große Zeichner", glauben sie ihm auch andere Dinge, die er erzählt (zum Beispiel wie der Tisch aussieht, auf dem ihr Blatt Papier liegt). Denn schließlich hat er als Einziger die Welt außerhalb des Blatt Papiers gesehen. Alle anderen können sich schlaue Gedanken machen und gelehrte Vermutungen anstellen. Manches davon wird sicher richtig sein, anderes nicht. Doch nur einer kann sagen, wie es wirklich ist, weil er es nicht nur geraten, sondern erlebt hat.

Niemand kann also so gut und genau Auskunft geben über Gott wie Jesus, weil er Gottes Sohn und von Gott gekommen ist. Hier hast du demnach einen guten Startpunkt für dein Vertrauen: Du kannst Jesus vertrauen, dass er dir das über Gott erzählt, was du wissen musst, um ihn besser kennen zu lernen. Und du kannst darauf vertrauen, dass die

Dinge, die ihm wichtig sind, auch Gott wichtig sind. Doch dazu mehr im nächsten Kapitel.

Worüber Eltern und Kinder reden können

- Was ist für dich das Wichtigste im Leben? Wovon träumst du? Wie soll dein Leben aussehen, damit du am Ende sagen kannst: „Es war gut und sinnvoll"?
- Wie hast du zum ersten Mal von Gott und Jesus gehört? Was hat dich davon überzeugt, dass es einen Gott gibt?
- Welche Erfahrungen mit Gott haben dir geholfen, ihm mehr zu vertrauen?
- Wo hast du immer noch Zweifel und wie gehst du damit um?

Texte, die man gemeinsam lesen kann

- Johannes 20,24-29 – Der „ungläubige" Thomas sieht den auferstandenen Jesus und glaubt, dass er Gott ist
- Lukas 5,1-11 – Simon Petrus tut im Vertrauen auf Jesus etwas Ungewöhnliches und ändert daraufhin sein ganzes Leben
- 1. Samuel 17,1-51 – David vertraut auf Gott und wagt den Kampf mit Goliath
- Daniel 3,1-28 – Die drei Männer im Feuerofen vertrauen Gott auch für den Fall, dass er ihnen nicht hilft (V. 17-18)
- Hebräer 1,1-4 – Ein tief gehender Text, der Jesus beschreibt

Das Buch der Bücher

Ein Buch der Rekorde

Wenn du mehr über Jesus wissen willst, bekommst du es zwangsläufig mit der Bibel zu tun, denn sie ist unsere wichtigste Informationsquelle über ihn. Das „Buch der Bücher“, wie die Bibel auch genannt wird, ist an sich schon etwas ganz Besonderes. Sie ist nämlich ein Buch der Rekorde. Vielleicht ist sie nicht das älteste Buch der Welt, aber sie gehört zu denen mit der längsten Geschichte. Ihre ältesten Teile wurden vor mehr als dreitausend Jahren geschrieben, ihre jüngsten haben auch schon fast zweitausend Jahre auf dem Buckel. Seither ist

sie der Bestseller unter den Bestsellern, das meistverkaufte und -gelesene Buch der Weltgeschichte. Jedes Jahr werden weltweit rund 45 Millionen Bibeln gedruckt, pro Sekunde sind das also ungefähr anderthalb Bibeln. Wenn jede davon fünf Zentimeter dick wäre, dann könnte man mit den Bibeln, die in einem Jahr gedruckt werden, ein Bücherregal von 2250 km Länge vollstellen. Das entspricht ungefähr der Strecke, die ihr auf der letzten Reise nach Italien und zurück gefahren seid. Kein anderes Buch erreicht auch nur annähernd solche Auflagen.

Aber das ist nicht der einzige Rekord, den die Bibel unangefochten hält. Sie ist auch das am meisten übersetzte Buch. Weltweit werden zur Zeit ungefähr sechstausend verschiedene Sprachen gesprochen. Mit den meisten davon wirst du es sicher nie zu tun bekommen. Viele Sprachen werden nämlich nur von jeweils ein paar hundert Menschen in Afrika, Amerika oder Asien gesprochen. Und für viele dieser Sprachen gibt es gar keine Schrift, weil sowieso niemand Bücher in ihnen schreiben würde, denn die könnten ja nur ganz wenige Menschen lesen. Mit Ausnahme der Bibel. Sie (oder Teile von ihr) wurde in 2300 Sprachen übersetzt und manchmal wurde dafür sogar extra eine Schrift entwickelt. Das bedeutet, dass von den fünf Milliarden Menschen, die auf der Erde leben, 4,9 Milliarden die Bibel in ihrer Muttersprache lesen können. Unter fünfzig Menschen gibt es also nur einen, der die Bibel nicht in der Sprache lesen kann, die ihm seine Eltern beigebracht haben. Doch diese Menschen wirst du kaum treffen, weil sie in der Regel in ziemlich abgelegenen Gegenden zu Hause sind. Egal, wo du bist und welche fremde Sprache du hörst, du kannst dir ziemlich sicher sein, dass auch die Bibel in diese Sprache übersetzt worden ist.

Wie man sieht, ist die Bibel wirklich ein Buch der Rekorde. Und wie kaum etwas anderes hat sie unser Denken geprägt. Das fängt mit Sprichwörtern an wie „Wer anderen eine Grube gräbt, fällt selbst hinein" (du findest es im Buch der Sprüche 26,27) und hört bei unseren Vorstellungen von dem, was Recht und Gesetz sein sollte, noch längst nicht auf.

Dabei ist die Bibel auf den ersten Blick gar nicht so auffällig, es sei denn, sie ist in Leder gebunden und hat einen Goldrand. Ansonsten merkt man vielleicht schon bei flüchtigem Hinsehen, dass die Bibel ein besonders dickes Werk ist. Das ist auch kein Wunder, denn die Bibel ist im wahrsten Sinne des Wortes das „Buch der Bücher": Sie ist nämlich nicht nur ein Buch, sondern gleich eine ganze Bücherei. Ihr erster Teil, das Alte Testament, besteht aus 39 Büchern, im zweiten Teil, dem Neuen Testament, kommen noch einmal 27 dazu. Manche dieser Bücher sind ziemlich lang wie etwa das des Propheten Jesaja, das mit 66 Kapiteln das längste ist. Das kürzeste Buch findet sich im Neuen Testament, es ist der 2. Johannesbrief, der in unseren Bibelausgaben nicht einmal eine Seite füllt. Die anderen Bücher sind irgendwo dazwischen.

Ein Buch voller Geschichten

Wenn man die Bibel aufschlägt, dann entdeckt man, dass sie vor allem eine Geschichte erzählt – oder vielleicht besser: mehrere Geschichten, die irgendwie miteinander zu tun haben. Alles beginnt im 1. Buch Mose damit, dass Gott die Welt macht. Wir lesen von den ersten Menschen, Adam und Eva genannt, wie es ihnen ergangen ist, wie sie Kinder bekommen haben und die Menschheit gewachsen ist. Dann hören wir alles über Noah, sein Schiff, die Arche, und die Sintflut, in der die ganze

Erde mit Wasser bedeckt wurde. Weiter geht es mit Abraham, den Gott ruft und in ein Land schickt, das er ihm geben will. Abraham zieht los. Dabei erlebt er einiges mit Gott, wie wir aus der Bibel erfahren. Wir lesen auch, wie es weitergeht nach Abrahams Tod, was sein Sohn Isaak, sein Enkel Jakob und die zwölf Urenkel Abrahams mit Gott erlebt haben. Damit endet das 1. Buch Mose.

Das 2. Mosebuch beginnt einige Jahrzehnte später. Aus den Söhnen Jakobs ist in der Zwischenzeit das Volk Israel geworden, das in Ägypten wohnt und vom König dieses Landes, dem Pharao, unterdrückt wird. Gott schickt ihm einen Mann namens Mose und lässt einige Wunder geschehen, so dass der Pharao das Volk schließlich ziehen lassen muss. Sie ziehen in die Wüste Sinai und schließen dort mit Gott einen Bund: Gott verspricht ihnen, dass er immer zu ihnen stehen wird, und sie versprechen Gott, dass sie sich an das halten werden, was er ihnen sagt.

Was das genau ist, kann jeder im 3. bis 5. Buch Mose nachlesen. Dort sind alle Gebote und Verbote des alttestamentlichen Gesetzes aufgeschrieben. In den Büchern danach geht die Geschichte weiter. Im Buch Josua wird berichtet, wie Gott sein Volk Israel aus der Wüste in das Land geführt hat, das er lange vorher Abraham versprochen hatte. Im Buch der Richter sowie in den Samuel- und Königsbüchern erfahren wir, wie es dort mit Israel weitergegangen ist. Wir lesen von Königen wie David und Salomo, ihren großen Taten und ihren Kriegen, aber auch von ihren Fehlern. Die Bibel ist da sehr ehrlich. Von David wird zum Beispiel erzählt, wie mutig er war. Nur mit einer kleinen Schleuder in der Hand kämpfte er mit Goliath, der einige Köpfe größer war als er und schwer bewaffnet. Von David erfahren wir aber auch, dass er einmal einen schweren

Fehler gemacht hat: Er hat mit der Frau eines anderen Mannes geschlafen. Und als sie davon schwanger geworden war, hat David den Mann einfach umbringen lassen. Einem König redet schließlich keiner rein. Aber Gott hat es getan. Und so kennen wir die Geschichte noch heute, sie wird in der Bibel genauso erzählt, wie von Davids Mut berichtet wird und von vielen guten Dingen, die er getan hat.

Aber wir lesen auch in der Bibel, dass sich das Volk Israel leider oft nicht darum kümmerte, was Gott ihm sagte. Er schickte immer wieder Leute, um sie daran zu erinnern, was er zu ihnen geredet hatte. Diese Menschen werden in der Bibel „Propheten" genannt. Vieles von dem, was sie gesagt haben, ist in den Prophetenbüchern ab Jesaja aufgeschrieben. Doch das Volk, vor allem seine Könige und Priester, hörte nicht auf die Propheten. Und schließlich wurde Gott darüber so zornig, dass er den Israeliten das Land, das er ihnen einmal gegeben hatte, wieder wegnahm. Israel wurde erobert und die Einwohner nach Babylon verschleppt, in das Gebiet des heutigen Irak.

Nach rund siebzig Jahren war diese Zeit, die Exil genannt wird, vorbei und Israel konnte wieder zurückkehren. Davon erzählen die Bücher Esra, Nehemia und Sacharja. Und damit endet die Geschichte des Alten Testaments, eine Geschichte, die immerhin mehr als tausend Jahre lang ist.

Doch im Alten Testament finden wir nicht nur Geschichtsschreibung und Prophetie. Dazu kommen die Psalmen, ein Buch mit Liedern (allerdings ohne Noten) und Gebeten des alten Israels, sowie das Buch der Sprüche, in dem Sprichwörter und Tipps zu den verschiedensten Lebenslagen gesammelt sind. Andere Bücher ergänzen das Bild: Die Chronik ist eine Wiederholung der Geschichte, die bereits in den Samuel- und Königsbüchern aufgezeichnet worden ist, mit ein paar neuen

Einzelheiten. Das Buch Hiob beschäftigt sich mit dem Leiden eines Menschen, der eigentlich nichts Böses getan hat, und was Gott dazu meint. Der Prediger schließlich fragt in dem Buch, das den gleichen Namen hat, nach dem Sinn des Lebens.

Das Alte Testament war die Heilige Schrift des alten Israel und der Juden, wie die Israeliten auch genannt wurden, bis heute. Es ist auch die Heilige Schrift, die Jesus las, von dem das Neue Testament berichtet. In den vier Evangelien nach Matthäus, Markus, Lukas und Johannes erfahren wir von ihm, was wir wissen müssen, um ihn näher kennen zu lernen. Hier lesen wir, was er getan und gepredigt hat, wie er angebetet und angefeindet wurde, wie er schließlich starb und auferstanden ist.

Die Apostelgeschichte beschreibt dann, wie aus den Anhängern von Jesus eine erste Gemeinde von Christen geworden ist und sich ausgebreitet hat. Wir lesen vor allem von Paulus, einem Menschen, der von Jesus den Auftrag bekam, überall zu erzählen, wer Jesus ist und was er getan hat. Von Paulus sind auch die meisten anderen Schriften im Neuen Testament. Er war viel unterwegs und hat, wo er hinkam, christliche Gemeinden gegründet. Vielen von ihnen hat er später Briefe geschrieben, in denen er auf Probleme eingegangen ist, die er bei den Gemeinden gesehen hat, und Fragen beantwortet, die ihm gestellt worden sind. Deshalb finden wir im Neuen Testament einige Paulusbriefe.

Aber Paulus war nicht der einzige Briefschreiber. Neben ihm gab es andere, deren Briefe ebenfalls im Neuen Testament enthalten sind. Den Abschluss bildet ein prophetisches Buch, die Offenbarung, in dem Gott einem Freund von Jesus mit Namen Johannes in vielen Bildern zeigt, wie er die Welt sieht und wie es mit ihr weitergehen wird.

Ein Buch, in dem Gott redet

Wenn man sich das alles so ansieht, ist die Bibel ein Buch, das eher über Gott redet, als dass Gott selbst in ihm redet. Das meiste sind Geschichten, in denen Menschen von ihren Erlebnissen mit Gott berichten. Trotzdem ist die Bibel ein ganz besonderes Buch. Denn in ihr erfahren wir von Jesus. Und der ist, wie wir wissen, die einzige wirklich sichere Verbindung zu Gott. Jesus kommt aus der Welt Gottes und ist wieder in sie zurückgegangen. Niemand weiß deshalb so gut über Gott Bescheid wie Jesus. Und wenn wir über Jesus mehr erfahren wollen, müssen wir die Bibel lesen.

Das heißt aber nicht, dass in der Bibel nur das Neue Testament interessant ist, weil es in ihm um Jesus geht, oder gar nur die Evangelien, weil sie von seinem Leben erzählen. Auch das Alte Testament ist etwas Besonderes, weil Jesus es zu etwas Besonderem gemacht hat. Er hat ja nicht nur Neues über Gott erzählt, er hat vor allem gesagt, dass das, was im Alten Testament über Gott gesagt wird, richtig ist. Deshalb können wir im Alten Testament genauso viel über Gott erfahren wie im Neuen.

Die Bibel, sowohl Altes wie Neues Testament, ist damit das Buch, aus dem wir unser ganzes Wissen über Gott und seinen Plan mit der Welt bekommen. Oft geschieht das nicht direkt, sondern zum Beispiel durch Predigten im Gottesdienst oder Gespräche in der Kinderstunde oder im Jugendkreis. Doch was immer da erzählt wird, sollte seine Grundlage in der Bibel haben. Denn nur aus der Bibel erfahren wir, wie Gott wirklich ist.

Die Bibel ist deshalb nicht nur ein Buch unter vielen, sondern ein ganz wertvolles Buch. Oft wird sie sogar „Wort Gottes“ genannt. Damit versuchen Menschen klarzumachen, dass

Gott dieses Buch benutzt wie kein anderes. Manchmal wird auch ein bestimmtes Wort gebraucht, mit dem diese enge Verbindung von Gott und Bibel ausgedrückt werden soll: „Inspiration". Das Wort kommt aus dem Lateinischen, einer ganz alten Sprache, die die Römer gesprochen haben. Auf Deutsch heißt das so viel wie „durchgeistigt". Gemeint ist damit, dass die Bibel von Gottes Geist durchdrungen ist, dass sie von Gott so voll ist wie du mit Luft, wenn du atmest.

Weil das so ist, ist es wichtig, genau hinzuschauen, was wirklich in der Bibel steht. Denn Gott meint es nicht irgendwie so ähnlich wie das, was die Bibel sagt, sondern er meint es ganz genau so. Es ist, wie wenn dir einer verspricht: „Heute Nachmittag gehen wir Eis essen!" Wenn er dir dann zwei Stunden später erzählt: „Ich wollte nur sagen, dass wir heute oder morgen irgendetwas zusammen machen sollten", dann bist du enttäuscht. Und das ist auch richtig so, denn er hat etwas versprochen und es nicht gehalten.

Bei Gott ist das anders. Was er in der Bibel versprochen hat, das hält er auch – und zwar ganz genau so, wie er es gesagt hat. Deshalb ist es wichtig, genau hinzuschauen. Und das ist es auch aus einem anderen Grund. Manchmal bist du nämlich gar nicht gemeint. Wenn die Mutter von dem Nachbarskind zu ihm sagt: „Heute gibt es kein Eis!", dann brauchst du nicht traurig zu sein. Denn dich hat sie nicht gemeint. So kann es auch in der Bibel sein. Deshalb muss man sie auslegen, was nichts anderes heißt, als genau hinschauen, was da wirklich steht. Und das ist manchmal gar nicht so einfach, weil wir den Kopf voll haben mit unseren eigenen Ideen. Aber mit ein bisschen Üben wirst du es schaffen. Denn die Bibel ist ja nicht das erste Buch, das du liest.

Probiere es also ruhig einmal aus: Nimm dir ein bisschen

Zeit und lies in der Bibel. Du wirst erleben, dass Gott zu dir redet. Plötzlich denkst du dir: „Nanu, mir kommt das hier gar nicht vor, als würde ich eine alte Geschichte lesen. Mir geht es eher so, als ob Gott diesen Satz hier direkt zu mir gesprochen hat!“ Das ist etwas, was durch die Jahrhunderte hindurch viele Menschen erlebt haben. Denn die Bibel ist ein lebendiges Buch. Und was sie uns sagen will, erfährst du in den nächsten Kapiteln.

Worüber Eltern und Kinder reden können

- Wie wichtig ist dir die Bibel?
- Wie oft liest du in der Bibel? Was liest du dann und wie liest du es?
- Hast du schon einmal erlebt, dass Gott durch die Bibel direkt zu dir spricht? Wie war das?
- Was machst du, wenn du etwas in der Bibel nicht verstehst?

Texte, die man gemeinsam lesen kann

- Lukas 4,14-21 – Jesus erfüllt, was Gott im Alten Testament versprochen hat
- Matthäus 5,17-19 – Jesus stellt sich ganz hinter das Alte Testament
- 2. Timotheus 3,14-17 – Wozu die Bibel gut ist
- 1. Petrus 1,19-21 – Die Bedeutung der Bibel

Einer hat alles gemacht

Von Gott kann man nur erzählen

Wer ein bisschen in der Bibel liest, stellt schnell fest, dass es zwar ein paar Texte gibt, in denen über Gott nachgedacht wird, aber noch viel mehr Geschichten. Der Apostel Paulus ist einer von den Denkern. Er schreibt in seinen Briefen ganz viel darüber, wie Gott ist und was das für uns bedeutet. Aber Paulus ist eine Ausnahme. Die meisten Schreiber der Bibel erzählen lieber, was sie selbst oder andere Menschen mit Gott erlebt haben.

Das hat seinen Grund. Denn Gott kann man nicht so einfach beschreiben. Denk doch noch einmal an die Geschichte mit den Strichmännchen, um die es im ersten Kapitel („Ist da wer?") gegangen ist. Wie hätten die Strichmännchen den „großen Zeichner" beschreiben können? Alles, was sie kennen, ist das Blatt Papier, auf dem sie zu Hause sind. Der „große Zeichner" aber sitzt am Tisch in seinem Zimmer, in einer Welt, die sich die Strichmännchen noch nicht einmal vorstellen können.

Nun ist der „große Zeichner" selbst eins von den Strichmännchen geworden. Und natürlich fragen sie ihn aus über seine Welt. Das Gespräch läuft dann ungefähr so ab. Der „große Zeichner" beginnt: „Also, ich habe ein Zimmer. Darin steht ein Tisch und an dem Tisch ist ein Stuhl ..." Spätestens da würde ein Strichmännchen unterbrechen: „Was ist denn ein Zimmer? Ist das so etwas wie ein Blatt Papier?" – „Na ja, so ähnlich", wäre die Antwort, „nur etwas anders. Auf die Wände kann man schon malen wie auf einem Papier (auch wenn das Eltern nicht so gern sehen). Aber in ein Zimmer kann man auch etwas hineinstellen, einen Tisch zum Beispiel." – „Hineinstellen? Ist das so wie draufmalen?" – „Nein, nicht ganz. Also beim Reinstellen nimmt man den Tisch, trägt ihn durch die Tür ..." In den Gesichtern der Strichmännchen kann man spätestens jetzt nur noch Fragezeichen erkennen.

Genau das ist unser Problem mit Gott. So wie du einem Strichmännchen niemals erklären könntest, wie dein Zimmer aussieht, können wir uns auch kaum vorstellen, wie Gott aussieht. Aber wir können erzählen, was wir mit ihm erlebt haben. Und wir können hören, wie es anderen mit ihm ergangen ist. Deshalb ist die Bibel voller Geschichten. Sie helfen uns zu verstehen, wie Gott ist.

Wir können also wissen, wie Gott ist, ohne dass wir wissen, wie er aussieht. Das klingt komisch, ist es aber nicht. Gehen wir noch mal zurück zu den Strichmännchen. Weil sie Flachwesen sind, die auf einem Blatt Papier zu Hause sind, gibt es ein paar Dinge, die sie nicht verstehen. Zum Beispiel was ein Zimmer ist. Und auch wie du als Mensch bist, wenn du kein Strichmännchen bist. Für sie kann es zum Beispiel sehr wichtig sein, die Länge der Striche zu messen, aus denen sie zusammengesetzt sind. Und so erzählen sie einander: „Ich bin 5,7 cm lang." Oder: „Gestern habe ich ein bisschen viel gegessen, jetzt messe ich 6,3 cm." Wenn du dann als Strichmännchen unter ihnen auftauchst, werden sie dich vielleicht fragen: „Ich sehe, du bist als Strichmännchen 4,8 cm lang. Wie lang bist du denn in deiner Welt, wenn du kein Strichmännchen bist?" Was würdest du darauf antworten? In unsere Welt misst man anders. Da messen wir nicht Arme, Beine, Kopf und Körper und zählen alles zusammen, sondern wir messen die Körpergröße. Oder das Gewicht. Oder den Kopfumfang. Aber mit Gewicht und Umfang können Strichmännchen nichts anfangen, schließlich sind sie nur Striche, und die haben beides nicht. Das könntest du ihnen also nicht erklären.

Über andere Dinge könntet ihr aber schon reden. Sie könnten dich zum Beispiel fragen: „Bist du in deiner Welt auch so nett wie hier?“ Und du könntest mit „ja“ oder „nein“ antworten. „Denkst du an uns, auch wenn du nicht hier bist?“ – „Magst du uns gern?“ – „Sind wir für dich nur ein paar Striche auf einem Blatt Papier, das du jederzeit wegwerfen kannst, oder ist da mehr dahinter?“ Das alles sind Fragen, die du ziemlich klar und verständlich beantworten kannst.

Und so ist das auch mit Gott. Man kann zwar fragen: „Wie groß und wie schwer ist Gott?“ oder: „Wie groß muss sein Ohr sein, dass er überall auf der Welt Gebete hört?“, aber diese Fragen bringen einen nicht weiter. Denn vermutlich würde man die Antwort doch nicht verstehen. Die wäre so wie der Tisch und das Zimmer für die Strichmännchen. Besser ist es deshalb zu fragen, *wie* Gott ist. Ob er gut ist zum Beispiel, ob er zu uns steht, ob er uns mag. Diese Fragen kann man beantworten. Und auf all diese Fragen gibt die Bibel eine Antwort. Man muss nur ihre Geschichten lesen.

Wie Gott ist

Wenn man die Bibel durchliest, dann lernt man Gott immer besser kennen. Und man entdeckt ein paar Dinge, die sich immer wieder zeigen. Das Wichtigste davon ist, dass Gott es mit Menschen zu tun haben möchte. Immer wieder zeigt er sich ihnen und meistens ganz unerwartet. Abraham ruft er zum Beispiel einfach so. Eines Tages sagte er zu ihm: „Abraham, ich möchte, dass du dich auf den Weg machst. Pack deine Sachen, geh weg von dem Ort, an dem du die ganze Zeit gewohnt hast, und zieh los. Wohin, das werde ich dir schon zeigen. Ich will bei dir sein und dir Gutes tun und dich zu einem großen Volk machen.“ (Du kannst die Geschichte nachlesen in 1. Mose 12,1-8.)

So ähnlich wie Abraham ist es auch Mose gegangen. Mose war ein einfacher Hirte irgendwo in der Wüste, bis Gott ihn gerufen hat. Eines Tages brannte plötzlich vor Mose ein Busch. Und aus diesem Busch hörte er Gott sprechen: „Mose, ich bin's, der Gott, den schon deine Vorfahren angebetet haben. Ich kenne dich und dein Volk. Ich sehe, wie es von den Ägyptern unterdrückt wird. Und jetzt werde ich es befreien. Geh also hin und sage das dem Pharao, dem König der Ägypter." (Diese Geschichte findest du in 2. Mose 3,1-4,17.)

Mose und Abraham sind nur zwei von vielen. Gideon wurde ganz überraschend von Gott angesprochen (Richter 6,11-24). Saul und David wurden plötzlich zu Königen gemacht (1. Samuel 9,15-10,1 und 16,1-13). Petrus wurde von seinem Fischerboot weggerufen (Lukas 5,1-11) und Paulus fiel sogar auf den Boden (Apostelgeschichte 9,1-18). Bei allen sehen wir das Gleiche: Gott liebt Überraschungen. Er ruft Menschen aus dem heraus, was ihnen bekannt und vertraut ist, in ein Abenteuer – nämlich ein Leben mit ihm.

Gott möchte es eben mit Menschen zu tun haben. Sie sind ihm nicht egal. Im Gegenteil, er kennt uns alle. Und er will, dass auch wir ihn immer besser kennen lernen. Schon damals, als er das Volk Israel aus Ägypten befreit hat, hat er ihm gesagt: „Ich selbst werde in meinem Heiligtum unter euch wohnen und mich nie wieder von euch abwenden. Ja, bei euch will ich leben, will euer Gott sein, und ihr sollt mein Volk sein" (3. Mose 26,11-12). Und das hat er dann auch wahr gemacht. Durch den König Salomo hat Gott in Jerusalem einen Tempel bauen lassen (1. Könige 6-8), in dem er sozusagen zu Hause war. Natürlich wohnte Gott nicht wirklich im Tempel, so wie du in deinem Haus oder deiner Wohnung wohnst. Und doch war das der Ort, wo man ihn immer finden konnte. Wenn die Israeliten also etwas von Gott wollten, gingen sie in den Tempel und beteten.

Mit Jesus ist diese enge Verbindung zwischen Gott und denen, die zu ihm gehören, noch ein ganzes Stück enger geworden. Wer Christ ist, so sagt es Paulus, der ist „in Christus", also in Jesus drin wie ein noch nicht geborenes Baby im Bauch seiner Mutter. So eins sind wir mit Gott, so eng gehören wir zusammen. Jesus selbst verwendet das Bild von einem Weinstock. Vielleicht hast du schon einmal einen Weinstock gesehen, sie wachsen auf großen Feldern an Hängen entlang des Rheines oder in südlichen Ländern. Ein Weinstock ist die Pflanze, an der die Weintrauben an großen Reben wachsen. Und Jesus sagt nun von der Verbindung zwischen ihm und denen, die an ihn glauben: „Ich bin der Weinstock, und ihr seid die Reben“ (Johannes 15,5). So sehr gehören wir zusammen, wie eine Pflanze und die Frucht, die aus ihr wächst.

Und wie das so ist bei einer engen Beziehung, auch Gott will uns nur für sich haben. Es ist wie bei zwei Menschen, die sich so sehr lieben, dass sie ein Leben lang zusammenbleiben wollen. Da findet es die Frau auch nicht gut, wenn der Mann ihr eines Morgens sagt: „Ach übrigens, du bist nicht die einzige Frau, die ich liebe. Da gibt es noch ein paar andere, mit denen ich auch zusammenleben möchte.“ Oder wenn die Frau zum Mann sagt: „Ich ziehe gern mit dir in eine Wohnung. Aber ich würde gern auch meinen Freund mitnehmen.“ Das geht nicht. Der Mann würde sicher antworten: „Entweder ich oder der andere, mit beiden zusammen kannst du nicht leben. Du musst dich entscheiden!“

So ist es auch mit Gott. Gott möchte, dass wir uns ganz allein für ihn entscheiden. Die Bibel nennt Gott deshalb einen „eifersüchtigen Gott“ (2. Mose 20,5 nach Luther), weil er uns nur für sich allein haben möchte. Er will nicht, dass wir anderes genauso wichtig nehmen wie ihn. Und deshalb möchte er, dass wir ihn „von ganzem Herzen lieben, mit ganzer Hingabe, mit all unserer Kraft“ (5. Mose 6,5). Denn er hat uns genauso lieb. Und er würde uns auch nicht mit irgendeinem anderen teilen.

Gott der Vater

Gott ist also an Menschen interessiert. Er ruft sie in ein Leben mit ihm und möchte, dass sie ihn für das Wichtigste überhaupt halten. Damit wissen wir schon einiges über Gott. Aber noch nicht alles. Denn etwas ganz Entscheidendes fehlt uns noch: Jesus hat Gott unseren Vater genannt. Das tut er zum Beispiel im Vaterunser, dem Gebet, das wir Christen bis heute beten (du findest es in Matthäus 6,9-13). Von Gott wird in der Bibel zwar auch gesagt, er sei wie eine Mutter (Jesaja 66,13), aber „Mutter" wird er nicht genannt, sondern „Vater".

Dass Gott mein Vater ist, können manche sicher nur sehr schwer verstehen. Es hängt viel davon ab, was man mit seinem eigenen Vater erlebt hat. Die einen werden mit einem Vater groß, der einen bestärkt und gut findet, der einem immer wieder einmal sagt: „Ich bin stolz auf dich!" und „Ich habe dich lieb!". Dann ist es einfach sich vorzustellen, dass Gott auch so ein Vater ist.

Anders ist das, wenn man einen anderen Vater erlebt. Er ist vielleicht kaum zu Hause, weil er viel arbeiten muss. Oder auf seine Versprechen ist kein Verlass. Vielleicht ist er gemein zu dir und deiner Mutter, vielleicht hat er euch sogar verlassen. Wenn das so ist, dann ist Vater auf den ersten Blick kein gutes Wort für Gott. Denn dann denkt man ja gleich, dass Gott einen auch so im Stich lässt wie der Vater, den ich kenne.

Aber selbst wenn es dir so geht, ist „Vater" immer noch eine gute Bezeichnung für Gott, wenn auch eine, an die du dich erst gewöhnen musst. Denn wie Gott ist, so sollte ein Vater sein, nicht umgekehrt. Gott ist der wirkliche Vater, das große Vorbild für alle menschlichen Väter. Das hat damit zu tun, dass Gott nicht nur eher war als sie. Von ihm kommt auch alles her. Denn Gott hat die Erde geschaffen. Vorher gab es nichts, einfach nichts außer Gott. Und dann hat Gott die Erde und alles, was wir kennen, aus dem Nichts gemacht. So wie du von deinem Vater herkommst, so kommt die Erde und das ganze Weltall von Gott her. Er ist der Vater über alles.

Und weil er ein Vater ist, ein guter Vater, der richtige Vater, deshalb kümmert er sich auch um alles. Er lässt die Welt nicht im Stich, selbst wenn man oft nicht sieht, was er tut. Aber so ist das bei guten Vätern. Die sind oft im Hintergrund zugange und tun etwas für ihre Kinder, was die Kinder gar nicht mitbekommen. Weil sie ihre Kinder lieb haben wie sonst nichts auf der Welt.

Damit weißt du nun einiges über Gott. Du weißt zwar nicht, wie groß er ist und wie schwer, aber dass er dich lieb hat und mit dir leben möchte. Du weißt, dass er auch dich zu sich ruft, damit du ihn kennen lernst. Und du weißt, dass er dein Vater ist, dein richtiger Vater, der zu dir so gut ist, wie das dein menschlicher Vater gar nicht sein kann. Du kannst ja einmal darüber nachdenken, wie Gott schon zu dir gesprochen hat. Vielleicht war es beim Bibellesen. Oder als einer in der Gemeinde etwas erzählt hat. Oder als dir plötzlich etwas über Gott klar geworden ist. Oder einfach so. Gott ruft dich. Denn er will auch mit dir in Kontakt kommen, möchte, dass auch du ihn besser kennen lernst und mit ihm lebst.

Worüber Eltern und Kinder reden können

- Wie stellst du dir Gott vor? Was weißt du über ihn? Was hast du bisher mit ihm erlebt?
- Hast du schon einmal erlebt, dass Gott dich ruft oder zu dir redet? Wie war das?
- Was ist in deinem Leben anders geworden, seit du weißt, dass Gott dich liebt?
- Für die Eltern: Was heißt es für dich/euch, dass Gott der Vater ist? Wo ist er für euch ein Vorbild darin, wie ihr mit den Kindern umgeht?

Texte, die man gemeinsam lesen kann

- 2. Mose 33,12-34,10 – Mose will Gott sehen
- 1. Könige 19,1-13 – Elia begegnet Gott
- Johannes 14,5-11 – Wer Jesus sieht, der sieht den Vater

Die Welt ist gut …

Wie alles anfing

„Am Anfang schuf Gott Himmel und Erde." Mit diesem Satz beginnt die Bibel (1. Mose 1,1). Alles, was wir kennen und sehen, hören und fühlen können, hat Gott gemacht. Er hat das Weltall geschaffen mit den Sonnen und Sternen, die Erde mit ihren Bergen und Ozeanen, ihren Wiesen und Wäldern, mit Tieren und Pflanzen. Und ganz zuletzt hat er auch uns Menschen gemacht. Alles kommt von Gott und wurde von ihm gemacht. Nur Gott selbst war schon immer da, er wurde von niemandem geschaffen.

Aber auch wenn es heißt, dass „am Anfang" Himmel und Erde geschaffen wurden, bedeutet das nicht, dass es vorher nichts gab. Es gab zwar keinen Himmel und keine Erde, aber Gott war schon da. Ihn gab es schon, als es noch keine Zeit gab. Denn er war vor allem anderen. Wir Christen sagen deshalb manchmal, dass Gott „ewig" ist, was nichts anderes bedeutet, als dass es ihn schon gab, bevor es irgendetwas anderes gegeben hat, und dass er noch da sein wird, wenn es nichts anderes mehr gibt. Gott ist deshalb ewig, er steht außerhalb unserer Zeit, er hat keinen Anfang und kein Ende wie alles andere.

Irgendwann, „am Anfang" eben, schuf Gott die Welt. Und weil es außer ihm nichts anderes gab, machte er sie aus dem Nichts. Er benutzte kein Baumaterial so wie du, wenn du aus Holz oder Steinen etwas konstruierst. Gott sprach einfach, und durch sein Wort wurde alles geschaffen. Daran kannst du sehen, welche Kraft in dem Wort Gottes steckt. Es ist das Wort, durch das Himmel und Erde gemacht wurden.

Gott hätte das übrigens nicht tun müssen. Er hat die Welt

nicht geschaffen, weil er einsam gewesen wäre. Denn Gott war nicht allein. Es gab zwar nichts anderes außer ihm, aber Gott selbst ist Vater, Sohn und Heiliger Geist, eine so vollkommene Gemeinschaft, dass wir sie uns gar nicht richtig vorstellen können (du wirst in späteren Kapiteln aber noch einiges darüber erfahren). Gott ist in sich also schon die perfekte Liebe, so wunderbar, dass sie ein Vorbild ist für alles, was wir Liebe nennen.

Gott machte die Welt also aus vollkommen freier Entscheidung. Er wollte sie schaffen, aber er hätte es auch lassen können, niemand hat ihn dazu gezwungen oder überredet. Und weil es wirklich eine vollkommen freie Entscheidung Gottes war, können wir auch nur raten, was ihn dazu gebracht hat. Sicher hatte es etwas damit zu tun, dass Gott gerne Neues schafft und Dinge gestaltet. Ein bisschen etwas davon haben wir ja auch in uns. Kaum einer ist damit zufrieden, dass er Sachen einfach nur vor die Nase gestellt bekommt. Wir möchten es gerne so haben, wie es uns gefällt. Und so konstruieren Kinder mit ihren Legosteinen ganze Städte, während die Eltern die Wohnung neu streichen oder ein Haus bauen. Wir gehen raus und bauen Baumhäuser und Schneemänner, erfinden neue Spiele, schlüpfen in ganz andere Rollen und was weiß ich noch alles. Dass wir so sind, kommt daher, dass Gott uns so ähnlich gemacht hat wie er selbst ist. Und bei Gott ist dieser Wunsch, Neues zu machen und eine noch nie da gewesene Welt zu schaffen, noch viel stärker als bei uns.

Das ist aber sicher nicht der einzige Grund, warum Gott die Welt gemacht hat.

Ein anderer ist seine Liebe.

Er ist zwar in sich selbst die vollkommene Gemeinschaft aus Vater, Sohn und Heiligem Geist, aber er möchte noch mehr.

Eine gute und funktionierende Gemeinschaft ist offen für Neue. Deswegen möchten Mann und Frau, wenn sie sich gut verstehen und einander wirklich lieb haben, Kinder bekommen, die sie genauso lieb haben wollen wie sich selbst. Denn wenn man merkt, wie schön es ist, zu lieben, dann möchte man nicht bei einem oder ein paar anderen stehen bleiben. Dann will man, dass immer mehr Menschen diese Liebe mitbekommen. So ist auch Gott, den wir nicht ohne Grund „Vater“ nennen. Er macht neues Leben und freut sich daran, dass es ihm ähnlich ist.

Und so hat Gott die Welt geschaffen. Wenn du sie dir anschaust, dann siehst du, wie unbegreiflich vielfältig sie ist. Es gibt so viele verschiedene Arten von Tieren und Pflanzen, vom großen Walfisch bis hin zum kleinen Floh, von der dicken Eiche bis hin zum Moos. Es gibt Berge und Seen, Wüsten und Regenwälder, das Eismeer und den Palmenstrand. Es gibt viele verschiedene Früchte, die man essen kann, Pilze, Salate und andere leckere Dinge. Das zeigt, wie unglaublich einfallsreich Gott ist. Er hat all das gemacht, damit wir uns daran freuen und er sich über uns freuen kann.

Übrigens hat Gott das nicht nur gemacht, er sorgt auch dafür, dass die Erde weiter besteht. Was uns am Leben erhält, ist unser Atem, der nach der Bibel von Gott kommt (1. Mose 2,7). Jede Sekunde unseres Lebens sind wir deshalb auf Gott angewiesen. Wir sind nicht so wie eine Uhr oder ein Taschenrechner, in die man einmal eine Batterie einsetzt, und dann funktionieren sie so lange, bis die Batterie leer ist. Nein, wir Menschen haben keine Batterie, genauso wenig wie alle anderen Lebewesen. Wir sind eher wie ein Windrad, das sich so lange dreht, wie der Wind hineinbläst. Wenn dieser Wind von Gott in unserem Leben aufhört, dann hören wir auf zu atmen und sterben. Wann das sein wird, weiß keiner von uns. Der eine lebt lange und wird alt, ein anderer stirbt jung. Jede Sekunde, jeder Atemzug ist also ein Geschenk, ein Geschenk, das Gott dir gibt. Denn wie die ganze Welt bist auch du in Gottes Hand, der sich in jedem Augenblick um dich und sie kümmert.

Gott und Mensch gehören zusammen

Als Menschen sind wir also ein Teil des von Gott geschaffenen Universums. Aber wir sind ein ganz besonderer Teil, denn als Gott den Menschen machte, hatte er etwas Besonderes mit ihm vor. Die Bibel spricht davon, dass Gott den Menschen nach seinem „Ebenbild" geschaffen hat (1. Mose 1,26-27). Wir sind also so etwas wie das Spiegelbild Gottes. So wie wir uns in einem Spiegel selbst sehen können, so sieht auch Gott sich selbst, wenn er uns sieht. Und du weißt ja, wie das ist mit dem Spiegelbild. Das ist nicht irgendein Gesicht in der Menge, irgendein Mensch, den ich gar nicht kenne. Sondern das bist du.

Natürlich bist du das nicht wirklich. Du bist zum Beispiel seitenverkehrt. Probiere es einmal aus: Male dir auf die linke Backe ein Kreuz und stelle dich vor den Spiegel. Das sieht so aus, also ob das Kreuz auf der rechten Backe wäre. Auf einem Foto wäre es auf der richtigen Seite, im Spiegel ist es dagegen seitenverkehrt. Und es gibt noch mehr Unterschiede zwischen dir und deinem Spiegelbild. Denn im Spiegel bist du sozusagen nie ganz „drin", sondern nur das, was dem Spiegel zugewandt ist. Wenn dir also einer einen Zettel an den Rücken klebt, wo „Bitte nicht füttern!" draufsteht, dann wirst du das im Spiegel nicht sehen, wenn du einfach nur hineinschaust. Wenn du dich allerdings mit dem Rücken zum Spiegel stellst und den Kopf drehst, dann siehst du den Zettel im Spiegel. Dann kannst du allerdings nicht mehr sehen, wie du von vorne aussiehst. Vieles andere kann man im Spiegel überhaupt nicht sehen. Ob einer schlau ist oder eher nicht, kann man zum Beispiel nicht erkennen. Auch nicht, ob er Geschwister hat oder nicht.

Wenn wir uns nun überlegen, dass wir sozusagen das Spiegelbild Gottes sind, dann heißt das einiges. Zum einen heißt das sicher, dass wir nicht so sind wie Gott. Wir sind eben nur

ein Bild, nicht das Eigentliche. Und wenn du eine Freundin zum Geburtstag einlädst, reicht es dir sicher auch nicht, wenn jemand ein Foto von ihr vorbeibringt, das man neben ihrem Teller aufstellen kann. Du weißt zwar, wer das auf dem Foto ist. Aber mit einem Foto kann man nicht reden und nicht spielen. So ist das auch mit Gott und uns. Er ist viel größer und in manchen Dingen ganz anders als wir. Er ist zum Beispiel viel einfallsreicher als wir. Denn niemand von uns wäre auf die Idee gekommen, eine so vielfältige Welt zu machen, wie Gott das getan hat.

Aber trotzdem sind wir Gott ähnlich, und zwar so ähnlich, dass er sich gleich erkennt, wenn er uns sieht. Du gehst ja auch nicht an einem Spiegel vorbei und fragst dich: „Was ist das denn für ein schöner Mensch dort an der Wand?“, sondern weißt sofort, wer das ist. So geht es auch Gott. Du bist nicht nur sein Werk wie die Tiere, nein, du bist mehr als das, du bist sein Spiegelbild.

Und weil das so ist, deshalb kann er mit dir auch mehr machen als mit den Pflanzen und Tieren. Uns geht das ja genauso. Mit einem Stein können wir nur ziemlich wenig anfangen. Wir können ihn werfen oder etwas damit bauen, wir legen ihn auf ein Blatt Papier, damit es nicht vom Wind weggeweht wird, wir können ihn bunt anmalen und jemandem zum Geburtstag schenken. So ein Stein kann also ziemlich nützlich sein. Aber ich habe noch keinen Menschen getroffen, der gesagt hätte: „Tja, weißt du, mein bester Freund, das ist ein Stein.“ Ein Stein ist uns einfach nicht ähnlich genug. Und so geht es uns auch mit Tieren und Pflanzen. Manche Menschen reden ja mit ihren Blumen, andere freuen sich daran, dass der Hund ziemlich genau versteht, was sie ihm sagen. Aber trotzdem ist das nicht dasselbe, wie wenn man es mit einem anderen Menschen zu tun hat. Der beste Freund des Menschen ist eben kein Hund, sondern ein anderer Mensch. Und das hat damit zu tun, dass nur ein anderer Mensch uns so ähnlich ist, dass wir wirklich mit ihm reden können.

Genauso geht es Gott mit uns. Er liebt zwar die Pflanzen und die Tiere, aber mit uns Menschen hat er eine besondere Beziehung, weil wir ihm ähnlich sind. Die Bibel erzählt dazu die Geschichte vom Garten Eden (du findest sie in 1. Mose 2,4-3,13). Ganz am Anfang, nachdem Gott Himmel und Erde geschaffen hatte, machte er einen Garten. Dieser Garten wird in der Bibel „Eden" genannt, wir benutzen dafür manchmal ein anderes altes Wort: „Paradies". Bei Paradies denkst du vielleicht an das Märchen vom Schlaraffenland, wo einem angeblich die gebratenen Hähnchen in den Mund fliegen und aus jedem Brunnen Limonade fließt. Da muss ich dich enttäuschen. Das Paradies in der Bibel ist anders.

Hier geht es um einen Garten, in dem Gott und die Menschen zusammenlebten. Die Bibel spricht sogar davon, dass Gott in diesem Garten spazieren gegangen ist (1. Mose 3,8). So nahe war Gott den Menschen. Sie konnten ihn nicht nur sehen, sie konnten ihn auch anfassen und mit ihm Dinge unternehmen. Und anders als im Schlaraffenland gab es im Paradies auch etwas zu tun. Denn Gott hat den Menschen den Auftrag gegeben, den Garten „zu bearbeiten und zu schützen" (1. Mose 2,15). Stell dir das doch einmal vor! Gott macht den Menschen zum Gärtner. Er vertraut ihm so sehr, dass er zu ihm sagt: „Hier ist der Garten, in dem wir beide nun zusammen leben werden. Gestalte ihn so, wie du es für richtig hältst." Was für ein Vertrauen. Es ist, als ob Gott dem Menschen den Auftrag gegeben hätte, Möbel für die gemeinsame Wohnung auszusuchen und zu kaufen.

Das zeigt, wie sehr Gott uns liebt. Und auch, wie gern er uns beteiligen möchte. Wenn er die Welt geschaffen hat, dann wäre es für ihn doch sicher ziemlich leicht gewesen, auch noch eben den Garten schön zu machen. Aber das wollte er nicht. Denn das wäre so, als ob du gerade irgendein Bild malen möchtest und dann kommt deine Mutter herein und sagt: „Ach lass doch, ich male das eben schnell fertig." Du gehst daraufhin an deine Legokiste und suchst ein paar Steine heraus. Dein Vater sieht es und sagt: „Was willst du denn bauen? Ein Haus? Das baue ich dir eben schnell." Und schon hast du wieder nichts zu tun. Das ist auf Dauer nicht nur ziemlich langweilig, ich finde es auch niederschmetternd, wenn man immer wieder gezeigt bekommt, dass der andere alles viel besser kann. Bei Gott ist das nicht so. Er gibt uns Aufgaben, traut uns etwas zu, möchte, dass wir etwas tun. Und das, obwohl er alles viel besser könnte.

Gott traut dir etwas zu

Seit wir Menschen den Garten Eden verlassen haben, hat sich einiges verändert. Was genau, werden wir uns im nächsten Kapitel anschauen. Aber einiges ist auch gleich geblieben. Das mit dem „Bebauen" und „Bewahren" zum Beispiel. Du musst zwar kein Gärtner werden, aber Gott traut dir immer noch etwas zu. Er will, dass du ihm hilfst, aus dieser Welt einen schönen Ort zu machen, ein Zuhause für Tiere und Menschen, einen Ort, in dem es Spaß macht, zu leben. Dazu will er dich gebrauchen. Und damit du das tun kannst, hat er dir einiges an Fähigkeiten mitgegeben. Vielleicht kannst du gut malen oder zeichnen. Vielleicht kannst du gut rechnen. Vielleicht interessierst du dich für Biologie, Physik oder Chemie. Vielleicht bist du sportlich. Oder du kannst gut zuhören. Oder noch vieles mehr.

In dieser Welt gibt es einen Platz für dich, einen Platz, wo du mithelfen kannst, aus der Erde einen schönen und lebensfrohen Planeten zu machen. Vermutlich hast du diesen Platz noch nicht ganz genau gefunden und weißt noch nicht, was du mit deinem Leben anstellen sollst. Aber du kannst dich ganz beruhigt auf die Suche machen. Denn Gott hat dich nicht einfach so geschaffen, weil er noch „Baumaterial" übrig gehabt hätte. Nein, er hat dich aus dem Nichts gemacht, weil er dich liebt und etwas mit dir und durch dich tun möchte.

Worüber Eltern und Kinder reden können

- Was bedeutet das für dich, dass du als Mensch ein „Spiegelbild Gottes“ bist?
- Siehst du die Welt (und dich selbst) mit anderen Augen, wenn dir klar wird, dass Gott alles gemacht hat?
- Was können deine Eltern (dein Kind) besonders gut?
- Was möchtest du einmal werden (was bist du geworden) und welche Rolle spielt Gott dabei (hat Gott dabei gespielt)?

Texte, die man gemeinsam lesen kann

- 1. Mose 1,1-2,4 – Gott macht Himmel und Erde
- 1. Mose 2,4-25 – Die Geschichte vom Garten Eden
- Psalm 8 – Ein Loblied auf die Schöpfung Gottes
- Hiob 38,4-39,30 – Ein poetischer Text, der zeigt, dass Gott sehr viel größer ist als alles Geschaffene

... aber etwas lief furchtbar schief

Ein Garten mit einer Tür

Am Anfang, nachdem Gott die Erde gemacht hatte, lebte er mit den Menschen zusammen in einem Garten, der „Eden" oder „Paradies" genannt wird.

So sagt es die Bibel.

Und nun fragst du dich bestimmt, warum das heute nicht mehr so ist. Diese enge Gemeinschaft zwischen Gott und den Menschen, wie sie auf den ersten Seiten der Bibel beschrieben wird, gibt es ja nicht mehr. Gott geht nicht mehr im Garten spazieren. Und auch die Natur ist nicht mehr so friedlich, wie sie einmal war. Denn wenn du die Schöpfungsgeschichte in 1. Mose 1 und 2 gelesen hast, ist es dir vielleicht aufgefallen: Ganz am Anfang gab es keinen Tod in der Welt. Auch die Tiere haben einander nicht gejagt, getötet und gefressen. Alle lebten nur von Pflanzen (1. Mose 1,29-30).

Du fragst dich nun sicher, wie so etwas möglich sein kann. Wenn du einen Hund oder eine Katze hast, dann weißt du, dass das gar nicht geht. Man kann ihnen nicht nur Gras oder Karotten zum Fressen geben wie einem Kaninchen. Davon würden sie krank werden und irgendwann sogar sterben.

Das wussten die Leute, die die Bibel geschrieben haben, natürlich auch. Und sie sagen ja auch gar nicht, dass das geht. Ihnen hat Gott jedoch gezeigt, dass es früher, ganz am Anfang der Welt, einmal so gewesen ist – bis ein großes Unglück über die Welt hereingebrochen ist, das alles verändert hat. Diese

Katastrophe nennen wir Christen „Sündenfall". Und um zu verstehen, was da passiert ist, müssen wir uns anschauen, wie es vorher gewesen ist.

Gott hatte die Welt gemacht und in ihr den Garten Eden, in dem er mit den Menschen zusammen leben wollte, weil er sie lieb hatte. Nun ist das mit der Liebe gar nicht so einfach. Denn Liebe kann man nicht erzwingen. Ich kann nicht zu dir sagen: „Wenn du mich nicht liebst, dann zwinge ich dich eben dazu!" Und dann sperre ich dich so lange in dein Zimmer, bis du mich liebst. Das wird nicht gehen, denn Liebe ist immer etwas Freiwilliges, ein Geschenk, etwas, das man nur aus dem Grund tut, weil man es so will. In dem Augenblick, in dem Liebe nicht mehr freiwillig ist, ist es keine Liebe mehr.

Und so ist das auch mit den Dingen, die man aus Liebe tut. Zum Beispiel können sich zwei Menschen so lieb haben, dass sie ein Leben lang zusammen sein wollen.

Bei deinem Vater und deiner Mutter war das sicher so, als sie zum ersten Mal in eine gemeinsame Wohnung gezogen sind. So etwas tut man aus Liebe. Und vorher kann man es kaum abwarten, bis es endlich so weit ist. Man sitzt zusammen und träumt davon, stellt sich vor, wie schön das sein wird, wenn man endlich zusammenwohnen kann.

Für die Liebe wäre es nun nicht gut, wenn zum Beispiel dein Vater zu deiner Mutter sagen würde: „Ich weiß, dass du mich sehr lieb hast und mit mir zusammenwohnen willst. Aber um ganz sicher zu sein, dass du nicht eines Tages einfach abhaust, schließe ich ab jetzt immer die Tür ab, wenn ich gehe, damit du mir nicht davonläufst."

Aus dem, was deine Mutter vorher freiwillig gemacht hat, würde damit ein Zwang. Und aus der gemeinsamen Wohnung, in der man aus Liebe zusammenwohnt, ein Gefängnis.

Wenn wir uns nun den Garten anschauen, den Gott für sich und die Menschen angelegt hat, dann war das so ähnlich. Gott will, dass die Menschen ihn lieben, dass sie bei ihm sind, weil sie gern bei ihm sind, weil sie ihn mögen. Da kann er sie kaum einsperren, so dass sie immer bei ihm sein müssen. Und das wollte Gott auch nicht. Deshalb hat er in den Garten Eden eine Tür gemacht. Es war keine richtige Tür, weil es keinen Zaun gab, denn schließlich war die ganze Welt dieser Garten.

Aber es war etwas, was so funktionierte wie eine Tür. Es war ein Baum.

Mitten im Garten, so heißt es, pflanzte Gott den „Baum, der Gut und Böse erkennen lässt“ (1. Mose 2,9). Warum der so hieß, dazu kommen wir später. Wichtig ist jetzt nur zu verstehen, warum es ihn gab. Es war nämlich ein Baum, zu dem Gott etwas gesagt hatte: „Von allen Bäumen im Garten darfst du essen, nur nicht von dem Baum, der dich Gut und Böse erkennen lässt. Sobald du davon isst, musst du sterben!“ (1. Mose 2,16-17). Wie du siehst, hatten es die ersten Menschen im Vergleich zu dir ziemlich gut. Gott hatte ihnen nur eine Sache verboten, nur eine einzige! Und er hat auch gesagt, warum: Es ist ziemlich gefährlich, von diesem Baum zu essen, sagte er. Denn wer davon isst, wird sterben.

Wenn dir deine Eltern einmal etwas verboten haben (und das kam sicher schon einmal vor), dann weißt du, wie es den ersten Menschen gegangen sein muss. Ich kann mich noch gut erinnern, dass ich als Kind nach fünf Uhr nachmittags keine Cola mehr trinken durfte. Meine Mutter sagte: „Wenn du dann noch Cola trinkst, dann kannst du nachts nicht schlafen.“ Und sie hatte Recht. Ich habe es nämlich ausprobiert. Eigentlich mochte ich ja keine Cola. Aber dass man sie nach fünf Uhr nicht mehr trinken durfte, machte sie ziemlich interessant. Ich bin also nachmittags um die Speisekammer herumgeschlichen. Und als es fünf Uhr geworden war, bin ich schnell zum Kühlschrank, habe die Cola herausgeholt und ein paar Schlucke getrunken.

Du machst so etwas nicht, ich weiß. Aber ich vermute einmal, dass du das Gefühl kennst: Wenn etwas verboten ist, dann wird es besonders spannend. Da geht man an der Straße lang und will eigentlich nur zum Bäcker und kommt an einer Baustelle vorbei. Eigentlich interessiert sie mich ja nicht, aber da steht dieses Schild: „Betreten der Baustelle verboten!" Und ehe man sich versieht, hat man wenigstens ein paar Schritte hinter das Schild gemacht.

So ging es vielleicht auch den ersten Menschen damals im Garten Eden. Sie hießen übrigens Adam und Eva. Ich kann mir gut vorstellen, wie die beiden um diesen Baum der Erkenntnis herumgeschlichen sind. Sie wollten ja gar nicht davon essen, das war ja gefährlich. Aber gucken ist doch nicht verboten. Oder mal so eine Frucht in die Hand nehmen. Und ein bisschen daran riechen ...

Ein Gespräch mit Folgen

Doch dann passierte etwas. Sie hörten aus dem Baum eine Stimme. Es war die Stimme einer Schlange, die sich darüber lustig machte, dass die ersten Menschen so um den Baum herumschlichen. Und so fragte sie: „Hat Gott zu euch gesagt, dass ihr nicht von den Bäumen im Garten essen dürft?" Bevor wir näher auf diese Frage eingehen, müssen wir erst noch einen Blick auf den werfen, der sie gestellt hat: die Schlange.

Es war nämlich keine gewöhnliche Schlange, wie du sie aus dem Zoo kennst, sonst hätte sie ja auch nicht reden können. Wer da in Wirklichkeit gefragt hat, war der Teufel. Der Teufel ist ein unsichtbares Wesen so wie die Engel, und auch er wurde von Gott gemacht. Aber dem Teufel gefiel das nicht, dass Gott größer ist als er. Weil das aber nun einmal so ist und der Teufel nichts daran machen kann, tut er etwas, was du bestimmt schon einmal gesehen hast: Er macht kaputt. Wie gesagt, du kennst das auch. Da spielen zwei miteinander „Mensch, ärgere dich nicht!" und ein anderer kommt dazu und fragt, ob er mitspielen kann. „Nein“, sagen die beiden, „wir sind schon mitten im Spiel.“ Daraufhin wird der, der eben noch gefragt hat, ziemlich sauer, haut auf die Tischplatte, dass die Spielfiguren nur so durch die Gegend fliegen, und ruft: „Ich will auch gar nicht mitmachen bei eurem doofen Spiel!“

So ist der Teufel auch. Weil er nicht gegen Gott ankommt, will er das kaputtmachen, was Gott aufgebaut hat. Und darin ist er ziemlich gut, auch schon damals im Garten. Das zeigt zum Beispiel die Frage, die er Adam und Eva gestellt hat: „Hat Gott euch verboten, von den Bäumen zu essen?“ Wer noch weiß, was Gott gesagt hat, der weiß auch, wie die Antwort lautet: „Natürlich nicht. Wir dürfen von allen Bäumen essen außer von diesem einen hier.“ Aber der Teufel fragt ja nicht so, weil er nicht mehr weiß, was Gott gesagt hat. Er möchte Misstrauen säen. Er will, dass die Menschen denken, dass Gott einer ist, der einfach immer nur verbietet. Was auch immer Spaß macht – wenn Gott dahinterkommt, dann verbietet er es. Und deshalb übertreibt er. So wie du vielleicht schon einmal übertrieben hast. Da durftest du einmal abends etwas länger aufbleiben und am nächsten Abend schicken dich deine Eltern zur gewohnten Zeit ins Bett. Alles Reden hilft nichts, sie bleiben dabei. Und dann gehst du in dein Zimmer, knallst die Tür hinter dir zu und rufst: „Immer muss ich früh ins Bett!“ Das ist so eine Übertreibung. Sie ist nicht wahr, und das weißt du auch. Genauso wie es der Teufel gewusst hat.

Bei Adam und Eva hat es jedenfalls funktioniert. Sie kommen etwas näher und fangen an, mit dem Teufel zu diskutieren. Übler Fehler. Wenn einer nur kaputtmachen will, lohnt es nicht, mit ihm lange zu palavern. Er will schließlich kein Problem lösen. Er möchte ja nur, dass sich die anderen so schlecht fühlen wie er selbst. Mit dem Teufel zu reden, bringt also gar nichts. Im Gegenteil, du wirst dich hinterher so schlecht fühlen wie er, aber er sich keinen Deut besser. Denn Gott ist immer noch der Größte. Geh dem Teufel also lieber aus dem Weg.

Die ersten Menschen haben das nicht getan. Und so kann der Teufel ihnen eine faustdicke Lüge auftischen: „Ihr werdet überhaupt nicht sterben, wenn ihr von diesem Baum esst. Im Gegenteil, euch wird es hinterher richtig gut gehen. Denn dann werdet ihr so werden wie Gott. Und ihr werdet selbst bestimmen können, was gut und was böse ist." Wie viele Lügen sagt übrigens auch diese ziemlich viel über den aus, der sie aufgestellt hat. So wie Gott, so groß und so toll und Herr des Universums, das wäre der Teufel gern. Und weil er das nicht sein darf, lügt er.

Adam und Eva mussten damit eine Entscheidung treffen: Gott sagte, dass der Baum gefährlich sei. Der Teufel sagte, dass der Baum gut sei. Einer von beiden sagte die Wahrheit, einer nicht. Wem konnten sie vertrauen? Und dann machen sie etwas, was die meisten von uns sicher auch getan hätten: Sie glauben gar keinem und untersuchen selbst die Früchte des Baumes. Das klingt auf den ersten Blick ziemlich schlau, ist es aber nicht. Denn wie soll man denn so einer Frucht ansehen, ob sie gefährlich ist oder nicht? Wenn du im Wald auf irgendeine Sorte Beeren stößt, von denen du nicht weißt, ob sie giftig sind, wie willst du es herausfinden? Du kannst nur jemanden fragen, der sich mit Beeren auskennt. Aber vom bloßen Anschauen wirst du es kaum erkennen.

Die ersten Menschen machen also den letzten Test: Sie essen von der Frucht des Baumes, der sie Gut und Böse erkennen lässt. Damit ist es passiert. Sie haben sich nicht um das Verbot Gottes gekümmert und ihm damit gezeigt, dass sie ihm nicht wirklich vertrauen. Sie glauben ihm nicht, dass er es gut mit ihnen meint und sie deshalb vor Gefahren schützen möchte. Stattdessen verlassen sie sich lieber auf sich selbst.

Und damit erklärt sich der lange Name des Baumes. Es ist der „Baum, der Gut und Böse erkennen lässt". Denn anhand dieses Baumes erkennt man, ob einer auf gutem oder bösem Weg ist. Ob einer Gott vertraut, dass er es gut meint und gut macht, oder ob man lieber misstrauisch ist gegenüber allen anderen und nur auf sein eigenes Urteil vertraut, so wie es Adam und Eva gemacht haben.

Eine zerstörte Gemeinschaft

Die Geschichte hatte Folgen. Wenn man so eng zusammenlebt, wie Gott und die ersten Menschen das getan haben, dann ist es nicht egal, ob man sich vertraut oder nicht. Die ersten, die das zu spüren bekommen haben, waren die Menschen selbst. Sie schauten einander an und haben plötzlich begriffen, dass sie nicht nur Gott misstrauen, sondern auch einander. Das ist auch ganz logisch. Wenn du einmal ohne Grund misstrauisch bist und denkst, die anderen wollen dir nur Böses, dann breitet sich das schnell aus. Wenn man sich auf deinen Vater angeblich nicht verlassen kann, warum auf deine Mutter? Oder deine Geschwister? Oder deine Freunde? Oder irgendeinen anderen Menschen? Denn du hast ja eigentlich keinen Grund zum Misstrauen. Wenn du sagen könntest: „Der hat das und das gemacht, deshalb vertraue ich ihm nicht mehr!", wäre das etwas anderes. Aber darum geht es hier ja nicht. Gott hat den ersten Menschen ja nichts getan. Und trotzdem haben sie sich gedacht: „Ich bin lieber vorsichtig. Besser einmal zu viel misstraut, als einmal zu vertrauensselig gewesen!"

Deswegen haben Adam und Eva nun auch einander argwöhnisch beäugt. Und dann sind sie weggelaufen und haben sich etwas angezogen. Vorher waren sie nämlich nackt. Aber das ist nicht so gut, wenn man dem anderen nicht vertrauen kann. Dann sieht der zu viel und vielleicht nutzt er das aus. Vielleicht macht er sich lustig über mich. Vielleicht sieht er auch, wo er mir besonders wehtun kann. Also zogen sie sich etwas an, um sich zu schützen. Und weil ihnen das noch nicht reichte, versteckten sich die Menschen in den Büschen. Aus dem Garten, in dem bis eben noch Liebe und Vertrauen zu Hause gewesen sind, ist nun ein Ort des Misstrauens und der Angst geworden. Und dabei ist es nicht geblieben. Was noch passierte, erfährst du im nächsten Kapitel.

Worüber Eltern und Kinder reden können

- Welchen Menschen vertraust du und warum? Was würdest du machen, wenn sie dir etwas verbieten, was du nicht verstehst?
- Hast du schon einmal etwas wie die Geschichte mit der Cola erlebt? Warum reizt es uns so, etwas Verbotenes zu tun?
- Wie hast du dich gefühlt, nachdem du etwas Verbotenes getan hast?
- Was hätten die ersten Menschen besser machen können?

Texte, die man gemeinsam lesen kann

- 1. Mose 3,1-24 – Die Geschichte vom Sündenfall
- Römer 7,7-24 – Wie es einem gehen kann, wenn man etwas verboten bekommt
- Matthäus 4,1-11 – Wie man mit dem Teufel besser umgeht
- Offenbarung 20,7-10 – Was aus dem Teufel einmal werden wird

Leben in der Dose

Eine gefallene Welt

Als die ersten Menschen von der Frucht des Baumes der Erkenntnis gegessen hatten, veränderte sich ihre Welt. Sie wurden misstrauisch, misstrauisch gegen Gott und gegeneinander. Plötzlich bekamen sie Angst voreinander, weil sie nicht wussten, was der andere im Schilde führt. Und diese Angst ist ja auch berechtigt. Schließlich hatte der Teufel ihnen gesagt, dass sie so werden würden wie Gott, wenn sie von der verbotenen Frucht essen. Das war eine Lüge, und wie so oft stellt man sich hinterher ein paar Fragen. Eine davon war sicher: „Warum wollte denn der andere sein wie Gott?"

Stell dir vor, du gehst eines Tages mit einem Freund die Straße entlang und triffst einen Straßenhändler. Neugierig geht ihr näher heran und fragt, was er denn verkaufe. „Ich verkaufe ein magisches Getränk", sagt er, „wer davon trinkt, der wird unglaublich stark werden. Und alle, die ihn kennen, werden seine Sklaven sein." – „Wow, super", denkt ihr euch. Und so kauft sich jeder eins von diesen Getränken. Doch die erhoffte Wirkung bleibt aus. Aber etwas anderes passiert. Plötzlich schaut dich dein Freund an und fragt: „Wieso willst du eigentlich, dass ich dein Sklave bin?"

Genau das ist damals im Garten passiert. Das Misstrauen wurde größer. Das ist ja auch verständlich. Eben noch wollte der andere sein wie Gott. Das hat nicht geklappt, aber wer sagt schon, dass er es nicht auch auf andere Weise versuchen wird? Heute isst er nur von dem Baum, morgen greift er vielleicht zur Gewalt. Und weil ich weiß, dass er auch auf Gott nicht hört – sonst hätte er ja das Verbot beachtet –, weiß ich nicht, was ihn aufhalten soll. Ich muss also stark sein und mich schützen. Ich darf ihm nicht vertrauen, niemals.

Adam und Eva machten sich deshalb Kleidung und versteckten sich im Gebüsch. Dort hat Gott sie gefunden, und er wusste sofort, was los war. Adam und Eva versuchten zunächst noch alles abzustreiten. Es ging nach dem bekannten Muster: Der andere ist schuld. Adam sagt: „Die Frau, die du mir gegeben hast, hat mir von der Frucht gegeben!" Mit anderen Worten: „Ich würde heute noch friedlich im Garten spazieren gehen, wenn du, Gott, nicht auf die Idee gekommen wärst, eine Frau für mich zu machen. Eigentlich bist du schuld, denn ohne die Frau wäre das alles nicht passiert!" Und die Frau sagte: „Ich war's gar nicht. Der Teufel hat mich angelogen."

Doch das hat alles so wenig geholfen, wie wenn du beim Toben eine Vase zerdepperst und hinterher sagst: „Wenn ihr mit mir rausgegangen wärt, dann wäre nichts passiert." Adam und Eva mussten die Folgen von ihrem Tun tragen. Aber Gott hat sie nicht so hart bestraft, wie man es sich vielleicht denken könnte. Denn eigentlich hätten sie ja sterben müssen. Das ist ja auch ganz logisch. Wir wissen, dass wir das Leben in jedem Augenblick direkt von Gott haben. Es gibt also im wahrsten Sinne des Wortes nichts Dümmeres, als zu Gott zu sagen: „Ich brauche dich nicht." Das ist ungefähr so, wie wenn deine Eltern beim Elektrizitätswerk anrufen würden und sagen: „Wir brauchen keinen Strom von euch. Bei uns kommt er nämlich aus der Steckdose."

Adam und Eva sind aber nicht auf der Stelle gestorben, wie Gott es ihnen angedroht hatte. Weil er sie liebte, ließ er sie noch lange leben. Aber weil sie sich von Gott getrennt hatten und ihm nicht vertrauten, konnte das nicht für immer so weitergehen. Eines Tages würden sie sterben müssen und sind auch tatsächlich gestorben, so wie alle Menschen seitdem. Das ist wohl die schwerwiegendste Veränderung, aber nicht die einzige. Gott sagt, dass es von nun auch schwer sein wird, das Leben in der Welt weiterzugeben (1. Mose 3,16).

Wir leben eben in einer Welt, die sich von Gott, der das Leben ist, entfernt hat. Deshalb wird eine Frau Schmerzen haben, wenn sie Kinder bekommt. Und deshalb wird der Mann zeit seines Lebens ackern müssen, um sich und seine Familie ernähren zu können. Das, was vorher Spaß gemacht hat, wird jetzt Schinderei (1. Mose 3,17-19). Und nicht zuletzt werden die Beziehungen sich verändern. Wo man sich vorher einfach vertraut und geliebt hat, herrscht jetzt das Recht des Stärkeren. Wer körperlich stärker ist, setzt sich durch, weil er dem anderen seinen Willen aufzwingen kann (1. Mose 3,16).

Und mit den Menschen fällt auch die Welt in den Abgrund. Adam und Eva werden aus dem Paradies vertrieben, in das sie nicht mehr zurückkönnen (1. Mose 3,24). Nun ist das Misstrauen in der Welt und mit ihm der Tod, der nun auch bei den Tieren Einzug hält. Wie das genau geschah, davon erzählt die Bibel nichts. Aber dass es geschah, können wir jeden Tag mit eigenen Augen sehen.

Wie ein Fisch ohne Wasser

Gott und Mensch trennen sich, weil die Menschen nicht auf Gott vertraut haben, sondern ihren eigenen Weg gegangen sind. Diese Trennung nennt die Bibel „Sünde". Unser deutsches Wort ist eng mit einem anderen verwandt, dem Wort „Sund". Wenn eine Insel sehr nahe an einer anderen Insel oder am Festland liegt, dann ist dazwischen ein bisschen Meer, das so aussieht wie ein breiter Fluss. Das nennt man Sund, ein Wasser, das die Insel und das Festland trennt. So ist es auch zwischen uns und Gott. Wir sind getrennt durch die Sünde.

Wie groß unser Problem mit der Sünde ist, macht dir vielleicht ein Bild klar.[2] Du hast doch sicher schon einmal eine Fischdose in der Hand gehabt. Da steht dann zum Beispiel drauf: „Heringshappen in Tomatensoße". Auf der Dose ist ein schönes Foto von den leckeren Heringshappen, wie sie in ihrer Tomatensoße auf einem Stück Brot angerichtet sind.

Nun hast du vielleicht auch schon einmal einen richtigen, lebendigen Hering gesehen, wie er sich elegant durchs Wasser bewegt. Der Unterschied zwischen ihm und dem Heringshappen könnte kaum größer sein. Der eine schwimmt im Wasser, der andere in Tomatensoße. Der eine ist frei, der andere hat die harte Dose um sich herum. Aber das sind noch nicht einmal die wichtigsten Unterschiede. Denn der Hauptunterschied ist der: Der eine lebt, der andere ist tot.

Wenn der Hering in der Dose nicht tot wäre, bräuchte man den ganzen Aufwand nicht zu betreiben. Einen lebendigen Hering muss ich nicht in eine Dose tun, damit er haltbar bleibt. Den muss man füttern und schwimmen lassen. Einen toten Hering muss ich dagegen luftdicht einpacken, sonst wird er

[2] *Der folgende Vergleich ist einer Predigt von André Wilkes entnommen.*

ganz schnell schlecht und fängt an zu stinken. Für ihn ist die Dose also kein Gefängnis, was sie für den lebendigen Hering wäre. Im Gegenteil, für den toten ist sie ein Schutz, ohne den er nicht lange bestehen könnte.

Dem toten Hering wäre also nicht geholfen, wenn man nun die Dose aufmachen würde, ihn herausnähme und ins Wasser werfen würde mit den Worten: „Jetzt kannst du schwimmen, du bist frei!“ Der Hering bliebe ein ziemlich traurige Gestalt. Denn er wäre immer noch tot. Solange niemand diese Problem löst, bringt alles andere gar nichts.

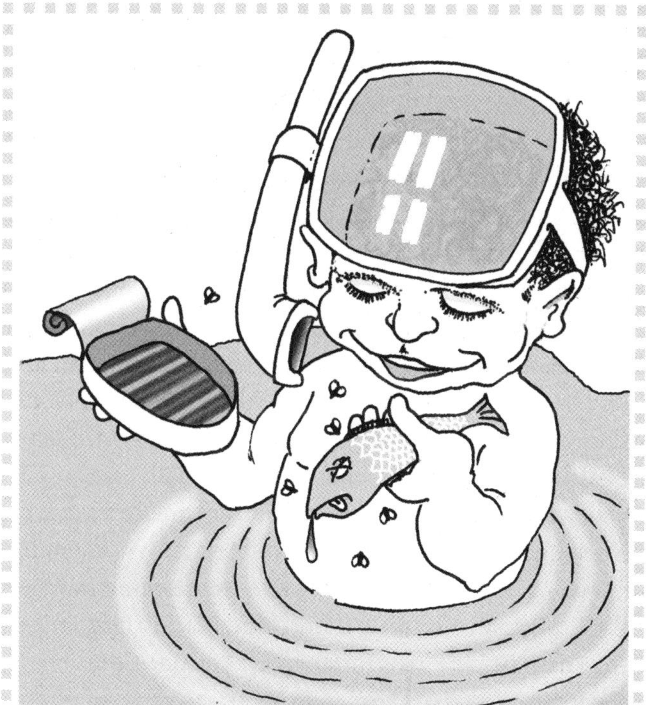

So ähnlich ist das auch mit unserer Sünde. Wir sind von Gott getrennt, das ist unser Hauptproblem. Und es ist so groß, dass die Bibel tatsächlich dabei vom Tod redet. Als Sünder sind wir tot (Epheser 2,1), selbst dann, wenn wir eigentlich ganz quicklebendig herumlaufen. Wir sind tot und leben ein geborgtes Leben, das Gott uns auf unbestimmte Zeit geliehen hat. Dieses Leben mag auf den ersten Blick ziemlich gut aussehen, so wie ein Hering in Tomatensoße auch vielleicht besser aussieht als ein lebendiger Hering. Aber das ändert nichts an der Tatsache, dass wir ohne Gott tot sind.

Und das bedeutet, dass wir unser Leben automatisch anders leben. Ein toter Hering braucht die Dose, sonst geht er kaputt. Es hilft also nichts, wenn ihm einer sagt: „Lass doch die alberne Dose. Echte Heringe kommen auch ohne sie aus!" Das stimmt für die lebendigen, aber nicht für die toten. So ist das auch mit uns. Wenn wir wüssten, dass wir jedem Menschen vertrauen könnten, dann würde unser Leben anders aussehen. Aber weil wir das nicht wissen, sind wir misstrauisch und vorsichtig. Und wir tun manchmal Dinge, um uns zu schützen, die uns hinterher Leid tun. Zum Beispiel lügen wir oder wir geben an, tun vor anderen so, als ob wir besser wären, als wir tatsächlich sind. Das passiert, weil wir Angst haben. Wir denken uns: „Wenn die anderen wüssten, wie ich wirklich bin, dann hätten sie mich nicht mehr lieb. Deshalb erzähle ich ihnen lieber nicht die Wahrheit, sondern biege sie zurecht und schneide ein bisschen auf."

Weil das so ist, hilft es nichts, wenn uns jemand sagt: „Jetzt hör doch einfach mal mit dem Lügen und dem Angeben auf." Das ist so, wie wenn der tote Hering plötzlich seine Dose hergeben soll. Dann liegt er da, völlig ungeschützt und wird ziemlich schnell vergammeln. Denn er hat ja nicht die Möglichkeiten, sich davor zu schützen wie ein lebendiger Hering.

Wenn wir also verstehen wollen, was Sünde wirklich ist, dann sollten wir nicht zuerst auf die schlimmen Dinge schauen, die wir und andere Menschen tun. Lügen ist eine Sünde, aber es ist nicht die Sünde. Unser eigentliches Problem ist, dass wir von Gott getrennt sind. Wir leben in einer Welt, in der wir nicht allen vertrauen können, einer Welt, in der wir uns schützen müssen. Und das tun manche besser, andere schlechter. Daraus kommt dann das schlechte Tun, die verschiedenen sündigen Taten.

Um diesen Unterschied klarzumachen, unterscheiden viele Christen zwischen der „Erbsünde" und den „Tatsünden". Die Erbsünde ist die Sünde, die wir geerbt haben, in die wir also hineingeboren sind wie in unsere Familie. Das ist die Trennung von Gott. Niemand von uns hat wie Adam und Eva im Garten Eden das Licht der Welt erblickt. Wir alle sind in einer gefallenen Welt geboren worden, einer Welt, die von Gott getrennt ist. Und deshalb begehen wir Tatsünden, tun böse und schlimme Dinge, verletzen einander, lügen und betrügen.

Vielleicht hilft dir der Gedanke an eine Krankheit weiter. Du hast doch sicher schon gelernt, dass Krankheiten durch Viren und Bakterien ausgelöst werden, die so klein sind, dass man sie mit bloßem Auge gar nicht sehen kann. Trotzdem haben sie eine große Wirkung. So läuft uns mit einem Mal die Nase, wir bekommen so ein Kratzen im Hals und leichte Kopfschmerzen. Wenn mir so etwas passiert, dann weiß ich, dass ich eine Erkältung bekomme. Aber das, was ich da spüre, ist gar nicht die Erkältung selbst. Es ist nur die Art, wie sich mein Körper gegen bestimmte Viren wehrt. Die sind die eigentliche Krankheit. Wenn ich nun in die Apotheke gehe und mir ein

Nasenspray kaufe, dann wir die Nase zwar wieder frei, aber die Erkältung ist damit noch nicht weg. Und wenn die Wirkung des Nasensprays nachlässt, ist die Nase auch wieder zu.

So ist das auch mit der Sünde. Unsere Tatsünden, das, was wir alles falsch machen, ist nur unsere Art, wie wir mit dem Problem der Erbsünde umgehen. Weil wir von Gott getrennt sind, verhalten wir uns falsch. Aber selbst dann, wenn wir uns richtig verhalten würden, wäre damit die Trennung von Gott nicht beseitigt. Es ist wie bei dem Hering. Wenn ich den toten Hering aus der Dose hole und ins Wasser werfe, wird er zwar einem richtigen Hering etwas ähnlicher, weil er jetzt nicht mehr in Tomatensoße, sondern im Wasser schwimmt. Aber sein eigentliches Problem ist nicht gelöst. Er ist und bleibt ein toter Hering. Und daran kann er so wenig machen wie wir an unserem Problem, dass wir von Gott getrennt sind. Das kann nur Gott ändern, nur er kann uns wieder lebendig machen. Und wie er das tut, darum geht es in den nächsten Kapiteln.

Worüber Eltern und Kinder reden können

- Wo denkst du in deinem täglichen Leben an Gott?
- Wo bist du misstrauisch und vorsichtig und warum?
- Hast du schon einmal gelogen oder angegeben, um vor anderen besser dazustehen? Wie hast du dich dabei gefühlt?

Texte, die man gemeinsam lesen kann

- Römer 3,9-20 – Paulus zeigt mit vielen Beispielen, dass alle Menschen von Gott getrennt sind
- Galater 5,19-21 – Was von Gott getrennte Menschen tun
- Psalm 51 – Das Gebet eines Menschen, der seine Schuld erkannt hat

Wir sind ein Teil des Problems

Zu spät ist zu spät

Stell dir vor, du hast von deinen Eltern einen Kanarienvogel geschenkt bekommen. Natürlich musstest du vorher eine ganze Weile herumquengeln, bis du ihn endlich bekommen hast. Schließlich hast du sie mit einem Versprechen überzeugen können: Du willst den Vogel immer füttern, seinen Käfig sauber machen und was sonst noch so anliegt. Und nun gehört er dir. Er sitzt in seinem Käfig in der Ecke deines Zimmers und singt. Zuerst freust du dich ziemlich darüber. Jeden Morgen, gleich nach dem Aufwachen, guckst du erst einmal, wie es deinem Vogel geht.

Aber wie das so ist, irgendwann hast du Wichtigeres zu tun. Das Füttern vergisst du nicht, aber das Käfigsaubermachen geht dir mit der Zeit auf die Nerven. Und nun sind deine Eltern dran mit Quengeln: „Du wolltest doch schon am Dienstag den Käfig sauber machen. Jetzt ist Donnerstag, und er ist immer noch dreckig!" Genervt gehst du also zum Käfig, machst das Türchen auf, damit der Vogel herauskann und du den Käfig sauber machen kannst. Aus der Küche hörst du deine Mutter rufen: „Pass auf, dass überall die Fenster zu sind, sonst fliegt er dir weg." Diesen Spruch hast du nun wirklich schon hundertmal gehört. Klar, deine Mutter hat Recht. Aber du bist genervt, und es wird schon nichts passieren. Also lässt du das Fenster offen. Zuerst geht noch alles gut, aber dann ist der Kanarienvogel plötzlich weg. Er hat seine Chance genutzt und ist davongeflogen. Erschrocken machst du das Fenster zu. Aber jetzt ist es zu spät.

Auch wenn du keinen Kanarienvogel hast, kennst du die Sache ziemlich gut. Manchmal ist es einfach zu spät. Dir fährt der Bus vor der Nase weg, weil du getrödelt hast. Dein Lieblings-T-Shirt kriegt einen Riesenfleck, weil du mit dem Essen herumgespielt hast. Wenn so etwas passiert ist, dann hilft es nichts, wenn man hinterher Besserung gelobt. Was bringt es, dass du nun immer alle Fenster zumachen willst, wenn du den Vogelkäfig reinigst? Der Vogel ist weg. Auch den Bus kriegst du nicht mehr, wenn du versprichst, dich ab jetzt zu beeilen. Und schließlich geht der Fleck aus dem T-Shirt nicht besser raus, weil du den Rest des Essens ordentlich am Tisch sitzt. Zu spät ist zu spät. Wenn ein Missgeschick passiert ist, kann man es nicht mehr einfach so aus der Welt schaffen. Man kann die Folgen beseitigen, jedenfalls soweit es geht, aber das Unglück ist geschehen.

Mit der Welt ist es genauso. Seit Adam und Eva von dem Baum gegessen haben, von dem sie nicht essen durften, hat die Welt sich verändert. Nicht nur für sie gab es keinen Weg mehr zurück. Auch wir können nicht einfach so tun, als ob damals nichts geschehen wäre. Wir leben in einer Welt, die von Gott getrennt ist. Und damit ist jeder von uns in diesen Zustand hineingeboren worden. Keiner von uns hat je etwas anderes kennen gelernt als eine Welt, in der Gott scheinbar keine Rolle spielt. Denn wir erleben ihn nicht mehr so wie Adam und Eva damals im Garten Eden. Und es gibt für uns auch keinen Weg dahin zurück.

Erst komme ich ...

Das alles wäre vielleicht gar nicht so schlimm. Denn auf den ersten Blick kommen wir Menschen anscheinend doch ganz gut ohne Gott klar. Wir schaffen es, einigermaßen nett zueinander zu sein, Familien zu gründen und Berufe auszuüben. Die Welt ist doch scheinbar ganz okay.

Das ist sie aber nur bei flüchtigem Hinsehen. Du brauchst nur morgens in die Zeitung zu schauen oder abends den Fernseher anzumachen, und schon siehst du, dass die Welt alles andere als okay ist. Wir haben ja schon darüber gesprochen, dass wir viele Dinge falsch machen, weil wir von Gott getrennt sind. Und dabei geht es ja nicht nur um Kleinigkeiten. In unserer Welt werden Menschen umgebracht, andere müssen verhungern, obwohl eigentlich genug zu essen da ist, es gibt Kriege und Folter und entsetzliche Ungerechtigkeiten. Dazu kommt, dass wir mit vielen kleinen und großen Dingen die Erde selbst angreifen. Nehmen wir nur die Umweltverschmutzung. In den letzten Jahren sind mehr Tierarten ausgestorben als in den Jahrhunderten davor. Woran das genau liegt, kann keiner sagen, nur soviel ist sicher: Es hat etwas damit zu tun, wie wir Menschen mit unserer Erde umgehen.

Nun denkst du dir vielleicht: „Ja, das ist schlimm. Es gibt so viele böse Menschen auf der Welt." Und damit hast du Recht. Aber anders als du meinst. Denn *jeder* Mensch ist böse, weil *jeder* Mensch seinen Teil dazu beiträgt, dass unsere Welt so ist, wie sie ist. Nehmen wir einmal dich als Beispiel. Scheinbar bist du ja ein ganz netter Kerl (oder ein nettes Mädchen). Du tust auf den ersten Blick nichts Böses, bist auch einigermaßen beliebt, hast Freunde. Du wohnst in irgendeinem netten Ort, hast vermutlich ein eigenes Zimmer, deine Eltern haben ein Auto oder vielleicht sogar zwei. Im Sommer fahrt ihr in den Urlaub, vielleicht fliegt ihr sogar. Du hast Bücher und CDs, gehst gern ins Kino und magst gern gute Sache essen, Eis zum Beispiel.

„Na und", denkst du jetzt vielleicht, „was soll daran schon

schlimm sein?" Auf den ersten Blick nichts, aber auf den zweiten. Denn so wie du können nur die wenigsten Menschen auf der Welt leben. Und das liegt nicht nur daran, dass die anderen arm sind und sich vieles einfach nicht leisten können. Die Erde selbst würde es nicht aushalten, wenn alle sechs Milliarden Menschen auf ihr so leben würden wie du. Es wäre nicht genug Platz da für all die Zimmer. In dem Müll, der jeden Tag anfallen würde, würden wir ersticken, wenn das nicht schon vorher von all den Autoabgasen passiert wäre.

Und damit sind wir bei einem Problem. Wenn nicht alle Menschen auf der Welt so leben können wie du – selbst wenn sie das Geld dazu hätten –, dann muss an unserer Art zu leben etwas faul sein. Es ist dann so, wie wenn sich einer im Klassenraum an einen Tisch setzt, der eigentlich für zwei ist, und dann sagt: „Ich brauche so viel Platz." Kann ja sein. Aber was wäre, wenn plötzlich alle so viel Platz haben wollten? Das ginge nicht. Und deshalb ist da irgendetwas faul daran, wenn einer so auf Kosten von anderen lebt.

Ich will dir jetzt kein schlechtes Gewissen machen. Denn unser Problem ist noch größer. Der Typ in dem Klassenraum, der kann zur Seite rutschen und damit einem anderen Platz machen. Aber was wäre, wenn er es nicht könnte? Wenn er tatsächlich so breit wäre, dass er beide Plätze bräuchte? So geht es uns nämlich. Deine Eltern haben ihr Auto (oder ihre Autos) sicher nicht aus Spaß an der Freud. Dazu ist das Ganze viel zu teuer. Und in der Regel fährt man auch nicht einfach so durch die Gegend, weil man mal wieder die Umwelt verpesten möchte. Nein, wir leben in einem Land, wo man fast überall ein Auto braucht. Ohne Auto kommt man oft nicht zur Arbeit. Ohne Auto kann man keine Großeinkäufe für die Familie machen. Ohne Auto kann man meistens weder Freunde noch

Verwandte besuchen. So ist das eben bei uns. Weil fast jeder ein Auto hat, werden Supermärkte auf der grünen Wiese gebaut und nicht in der Innenstadt. Und wer eine Fabrik aufmacht, der schaut nicht, ob in der Nähe auch genügend Leute wohnen, die da arbeiten können, sondern macht viele Parkplätze, so dass alle Arbeiter dorthin fahren können.

Und das sind nur die Erwachsenen. Auch die Kinder sind oft genug darauf angewiesen, dass sie herumgefahren werden. Wie sonst kommst du in deinen Sportverein? Oder in die Jugendgruppe? Sonntags in den Gottesdienst? Manchmal kommt man ja noch nicht einmal in die Schule, ohne dass man gefahren wird.

Wie du siehst, ist unser Problem riesengroß. Wir können nicht einfach sagen: „Autos sind schlecht. Also schaffen wir sie ab." Denn das geht gar nicht, jedenfalls kaum von heute auf morgen. Wir haben uns ziemlich tief in die Sache reingeritten. Und dabei trägt jeder von uns einen kleinen Teil dazu bei, dass die Erde langsam kaputtgeht – ob er es will oder nicht.

Doch obwohl das eigentlich schon genug wäre, ist unser Problem noch größer. Und jetzt geht es wirklich ans Eingemachte, wie man so schön sagt. Ich habe ja gerade beschrieben, wie wir so leben. Und nun denke einmal daran, wie bei uns viele Menschen vor zwei- oder dreihundert Jahren gelebt haben: Der Vater ist Bauer, die Mutter kümmert sich um die Kinder. Wasser müssen sie jeden Tag vom Dorfbrunnen holen, Strom gibt es natürlich überhaupt nicht. Wenn sie abends Licht haben wollen, müssen sie Kerzen anzünden. Aber meistens tun sie das nicht, weil Kerzen teuer sind. Sie bewohnen ein Haus, das nur aus einem einzigen kleinen Raum besteht, in dem alles stattfindet: essen und schlafen, spielen und arbeiten. Und manchmal ist auch noch das Vieh in dem Raum, vor allem im Winter, wenn es kalt ist.

Ich weiß, das klingt furchtbar. Ich möchte auch nicht so leben. Aber wahrscheinlich wäre es besser für unsere Erde. Denn wenn alle so leben würden (und viele tun es auch heute noch), dann würde die Erde um einiges länger halten, als wenn alle so leben würden wie du und ich. Aber geht's dir nicht genauso wie mir? Du liest so etwas und denkst: „Glück gehabt, mir geht es besser." Oder vielleicht sogar (jedenfalls ganz tief in dir drin): „Wie andere leben müssen, ist mir nicht so wichtig. Hauptsache, mir geht es gut."

Wenn du dich jetzt ertappt fühlst, dann bist du nicht nur ehrlich, dann hast du auch etwas gemerkt: Du bist gar nicht so gut, wie du vielleicht immer gedacht hast. Eigentlich möchtest du schon gern, dass es gerecht zugeht in der Welt. Aber wenn Gerechtigkeit hieße, dass alle auf eigene Zimmer, CDs und Computer verzichten müssen und dafür mit der ganzen Familie in einen Raum ohne Strom und Wasser ziehen, dann ist es dir doch lieber, wenn es ungerecht bleibt. Du bist also genauso egoistisch wie ich. Zuerst komme *ich,* dann wieder *ich,* dann eine Weile nichts, dann die anderen. Hauptsache, *ich* komme nicht zu kurz.

Wenn du diese Spur in deinem Leben entdeckt hast, dann gehe ihr nach. Beobachte dich einmal. Ich verspreche dir, das kann ziemlich entmutigend sein. Auf einmal fallen dir nämlich auch die anderen Geschichten ein, wo du alles andere als nett gewesen bist. Neulich zum Beispiel, als du auf dem Heimweg von den großen Jungen geärgert worden bist und dann zu Hause erst einmal deine kleine Schwester geschlagen hast, weil du deine Wut rauslassen wolltest. Vielleicht hast du auch schon einmal einem anderen etwas gestohlen. Das hat der gar nicht gemerkt, hast du dir gedacht, und du wolltest es doch unbedingt haben. Oder dir fällt die Sache ein, wo du mit dem Fahrrad richtig schnell über den Bürgersteig gerast bist. Und als dann einer gerade noch in die Hecke springen konnte, um nicht von dir überfahren zu werden, da hast du nur gelacht.

Vielleicht fallen dir auch ganz andere Dinge ein. Aber wenn du dich beobachtest und ehrlich bist, wirst du merken, dass du nicht nur gut bist, sondern auch eine dunkle Seite hast. Die Welt wäre also kaum besser, wenn alle so wären wie du. Denn du bist ein Teil des Problems, genau wie ich. Wir alle denken zuallererst an uns selbst. Und wir passen auf, dass wir nicht zu kurz kommen, selbst wenn das bedeutet, dass andere zurückstecken müssen.

Der „liebe Gott" ist zornig

Durch all das geht die Welt kaputt. Es sind einige große und viele kleine Taten, die dafür sorgen, dass Menschen ihre Haustüren abschließen, weil sie Angst vor Einbrechern haben. Dass man nur ungern irgendwo neu hinkommt, weil man Angst hat, gehänselt zu werden. Dass wir einander nur selten erzählen, wie es uns wirklich geht, weil wir Angst haben, dass der andere uns auslacht. Und so weiter und so weiter.

Nun ist die Welt aber nicht unsere Welt. Sonst wäre das Ganze nur unser Problem. Doch die Welt gehört Gott. Er hat sie gemacht, und wir haben sie ihm weggenommen. Wir machen mit ihr, was wir wollen, und sagen Gott noch nicht einmal „Danke" dafür, dass er sie so schön gemacht hat. Wie es Gott damit geht, kannst du dir denken, denn du bist ihm ähnlich. Stell dir vor, du hättest eine Modelleisenbahn. Vielleicht hast du ja eine. Dann weißt du, wie das ist: Nur zu Weihnachten und zum Geburtstag gibt es neue Lokomotiven, weil die so teuer sind. Waggons, kleine Häuser und Straßen kannst du dir vom Taschengeld kaufen. Und um das Ganze richtig schön zu machen, hast du eine Menge Arbeit in die Anlage gesteckt. Du hast Gleise gelegt und Häuser gebaut, kleine Autos auf die Straßen gestellt und Rasen geklebt und was weiß ich noch alles. Es geht hier nicht um die Arbeit eines Tages, sondern von Monaten und Jahren. Du bist eben ein echter Freak, der sich daran freut, wenn alles wie im wirklichen Leben aussieht.

Doch dann kommt einer daher, der will auch einmal mit deiner Eisenbahn spielen. Du lässt ihn, aber plötzlich wird er unverschämt. Er lässt dich nicht mehr an die Anlage, will alles selber machen und hat im Prinzip keine Ahnung. Die Loks fahren viel zu schnell, eine ist schon aus der Kurve geflogen, mit den Autos drückt er so fest auf, dass es Spuren in den Straßen gibt. Und dann spielt er „Großfeuer“ in einem von deinen Bahnhöfen. Mit anderen Worten: Er macht alles kaputt.

Wie würdest du dich fühlen? Würdest du einfach dabei stehen und sagen: „Ist ja interessant, so etwas habe ich mit meiner Anlage noch nie gemacht!“? Oder würdest du Zeter und Mordio schreien und dem Kerl am liebsten alles aus den Fingern reißen? Ich vermute eher das Letzte. Und sicher würdest du noch etwas sagen wie: „Dafür wirst du bezahlen!“

So geht es Gott, wenn er sich ansieht, wie wir mit seiner Welt umgehen. Er ist zornig. Er hat alles so gut und schön gemacht, und wir machen es kaputt. Aber am Ende wird abgerechnet. Eines Tages, so hat Gott es gesagt, wird es mit der Welt zu Ende sein. Und dann wird er uns allen die große Rechnung vorlegen. Natürlich bist du nicht allein schuld daran, dass so vieles schief gelaufen ist. Aber deinen Teil hast du auch dazu beigetragen. Und für diesen Teil wird dich Gott zur Rechenschaft ziehen. Es sei denn, du kommst schon jetzt mit ihm ins Reine. Wie das geht, erfährst du in den nächsten Kapiteln.

Worüber Eltern und Kinder reden können

- Wann stört es dich, wenn es ungerecht zugeht, und wann nicht? Warum?
- Siehst du das auch so, dass die Welt unter anderem wegen dir kaputtgeht?
- Was würdest du zu Gott sagen, wenn er jetzt mit dir darüber reden würde?

Texte, die man gemeinsam lesen kann

- Römer 1,18-2,16 – Ein sehr tief gehender Text über den Zorn Gottes
- Lukas 6,24-45 – Jesus klagt unsere Selbstsucht und Heuchelei an
- Offenbarung 20,11-15 – Wenn alle Menschen vor Gott Rechenschaft geben müssen

Ein Mensch ist Gott

Ein großes Problem braucht eine große Lösung

Die letzten Kapitel waren vielleicht etwas entmutigend. Denn so viel ist klar: Wir haben ein riesiges Problem. Wir leben in einer Welt, die von Gott, der sie geschaffen hat, nichts wissen will. Und wir machen diese Welt kaputt, worüber Gott sehr zornig ist.

Und als ob das nicht schon genug wäre – wir können unser Problem noch nicht einmal selbst lösen. Niemand von uns kann wieder zurück in den Garten Eden und die ganze Geschichte ungeschehen machen. Und niemand kann von sich aus mit Gott ins Reine kommen. Denn wir können nicht aussteigen aus dieser Welt. Und damit tragen wir weiter unseren Teil dazu bei, dass die Welt so bleibt, wie sie ist.

Auch wenn das ziemlich schlimme Tatsachen sind, ist es doch wichtig, dass du sie verstehst. Denn wenn du das Problem nicht kapierst, wirst du auch mit der Lösung nicht viel anfangen können. Du denkst dann vielleicht: „Warum musste Gott das so kompliziert machen?" Dabei ist unser Problem so groß, dass auch die Lösung aufwändig sein muss. So ist das überall im Leben.

Neulich habe ich mir beim Essen zum Beispiel ein Stückchen von einem Zahn abgebissen. So etwas kann passieren, wenn der Zahn unter der Füllung etwas faul und damit brüchig geworden ist. Es hat nicht wehgetan, aber es war ziemlich kratzig, wenn ich mit der Zunge an die Stelle kam, wo das Stück Zahn fehlte. Ich bin also zum Zahnarzt gegangen und habe gehofft, dass er einfach die Füllung herausbohrt und sie durch eine neue, etwas größere ersetzt.

Leider hat das nicht so funktioniert. Der Zahnarzt hat mir in den Mund geschaut und dann gesagt: „Da kann ich keine größere Füllung machen, der Zahn könnte dann völlig auseinander brechen. Ich muss eine Krone darüber setzen."

So eine Krone ist eine Art Hülle aus Metall (meistens Gold), die aussieht wie ein Zahn und über den Zahn gesetzt wird. Das Ganze dauert eine Weile. Zuerst wird der Zahn abgeschliffen, so dass man eine Hülle darüber machen kann. Dann geht man noch mal zum Zahnarzt, der einen Abdruck macht, damit man weiß, wie die Krone aussehen muss. Dieser Abdruck wird dann an eine Firma geschickt, die Kronen herstellt, so dass ich eine Krone bekomme, die ganz genau passt. Und schließlich bekomme ich sie dann vom Zahnarzt eingesetzt. Insgesamt muss man dazu mindestens dreimal zum Zahnarzt. Und wenigstens einmal davon tut es auch richtig weh.

Ich konnte damit leben, weil ich verstanden hatte, dass mein Problem viel größer war, als ich zuerst gedacht hatte. Wenn es nur ein kleines Loch gewesen wäre, wäre ich mit so einem großen Aufwand nicht einverstanden gewesen. Aber es war ja ein großes Problem, und deshalb brauchte es auch eine große Lösung.

So ist es auch mit unserem Problem mit Gott. Wäre es nur eine Kleinigkeit, dann könnten wir es vielleicht sogar selbst in den Griff bekommen. Aber es ist ein Riesenproblem. Deshalb braucht es auch eine riesige Lösung, eine Lösung, die viel größer ist als alles, was wir tun könnten. Das kann nur Gott. Und Gott sei Dank hat er die Sache in die Hand genommen und eine Lösung ausgearbeitet, auf die keiner von uns auch nur im Geringsten gekommen wäre: Er wurde Mensch.

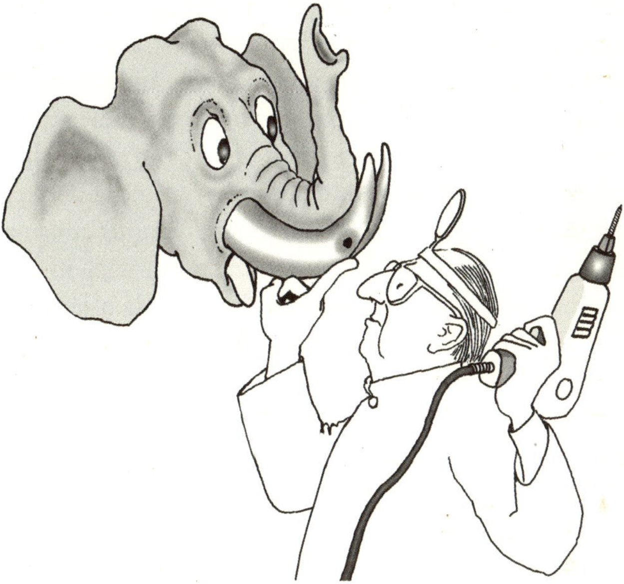

Jesus ist etwas ganz Besonderes

Du erinnerst dich sicher noch an die Geschichte mit den Strichmännchen. Wenn nicht, dann lies sie jetzt noch einmal im ersten Kapitel („Ist da wer?") nach. So wie da der „große Zeichner" ein Strichmännchen geworden ist, so wurde Gott Mensch. Als kleines Baby wurde er in einem Dorf namens Bethlehem geboren. Seine Eltern lebten später in Nazareth, weswegen ihr Sohn „Jesus von Nazareth" genannt wurde (damals hatten viele Menschen noch keinen Nachnamen). Schon sehr früh zeigte sich, dass es mit diesem Kind etwas Besonderes auf sich hatte. Rein äußerlich sah man das allerdings nicht. Jesus war kein Königskind aus einem Palast oder der Sohn reicher Eltern. Gott, der es sich im Gegensatz zu dir aussuchen konnte, in welcher Familie er zur Welt kommen wollte, hatte sich ganz normale Leute ausgesucht. Sein Vater arbeitete als Zimmermann auf dem Bau, seine Mutter war Hausfrau.

Insofern war Jesus nichts Besonderes. In anderer Hinsicht aber doch. Denn schon vor seiner Geburt hatte es Weissagungen gegeben, dass Gott einen besonderen Menschen schicken würde, der die Welt wieder in Ordnung bringen sollte. Manche dieser Weissagungen waren zur Zeit von Jesus schon einige hundert Jahre alt. Andere waren noch ganz neu. Eine von ihnen hatte seine Mutter bekommen, kurz bevor sie mit Jesus schwanger geworden war.

Jesus wurde groß wie alle anderen Jungen auch. Und wie alle anderen damals lernte er den Beruf seines Vaters. Auch das war also nichts Besonderes. Aber als Jesus dreißig Jahre alt geworden war, änderte sich sein Leben schlagartig. Er verließ sein Elternhaus und zog umher und predigte. Er erzählte den Menschen von Gott und davon, dass Gott jetzt seine Herrschaft aufrichten werde. Das Reich Gottes, in dem Gott ganz allein das Sagen haben würde, werde kommen und sich über die Welt ausbreiten. Dass das keine leeren Worte waren, machte Jesus auch deutlich. Um zu zeigen, dass durch ihn die kaputte Welt wieder heil werden würde, heilte er alle Kranken, denen er begegnete. In der neuen Welt, die Gott schaffen würde, wird es keine Krankheiten und auch sonst keine Leiden mehr geben. Und deshalb machte Jesus schon damals die Kranken gesund.

Schon bald fragten sich die Leute, ob Jesus nun nur ein besonderer Mensch war oder mehr. Er selbst nannte sich „Menschensohn", für uns ein komisches Wort, damals aber ganz normal. In der Sprache, die Jesus sprach, war das der gebräuchliche Ausdruck für „Mensch". Aber in den heiligen Schriften seines Volkes, dem Alten Testament, gab es einen Menschensohn, der viel mehr war als ein Mensch. In dem Buch Daniel ist eine Vision, ein innerliches Bild aufgeschrieben, das Daniel eines Tages gehabt hat. Darin sah er unter anderem einen, der aussah „wie ein Menschensohn" (also wie ein Mensch; Daniel 7,13), der aber nicht von der Erde, sondern von Gott aus dem Himmel kommt. Könnte also Jesus dieser Menschensohn sein, das himmlische Wesen, das aus der Welt Gottes in unsere gekommen ist?

Jesus selbst hat dazu erst einmal nichts Eindeutiges gesagt. Das hatte sicher seinen Grund darin, dass das damals nicht so einfach war wie heute. Wenn du dich heute in die Fußgängerzone stellst und rufst: „Hört mal alle her: Ich bin nicht nur ein Mensch. Ich bin Gott persönlich", dann werden die Leute dich vermutlich für verrückt halten. Vielleicht käme sogar irgendwann die Polizei, weil irgendjemandem dein Geschrei auf die Nerven geht. Aber mehr würde nicht passieren. Zur Zeit von Jesus war das anders. Damals war den Menschen Religion sehr viel wichtiger als uns heute. Und deshalb wären sie furchtbar wütend geworden, wenn Jesus sich „Gott“ genannt hätte. Sie hätten ihn mindestens aus der Stadt gejagt. Ein paar hätten sicher sogar versucht, ihn umzubringen. So offen von sich als Gott hat Jesus also nur einmal geredet. Und das war kurz vor seinem Tod, als es sowieso schon eine beschlossene Sache war, dass seine Gegner ihn hinrichten würden (Markus 14,61-62).

Aber es gab sicherlich noch einen anderen Grund, warum Jesus nicht offen gesagt hat: „Ich bin Gott“. Wenn Gott sich auf eine Weise hätte zeigen wollen, dass alle ihn sofort als Gott anerkennen, dann wäre er sicher nicht Mensch geworden, sondern hätte eine Leuchtschrift am Himmel erscheinen lassen können oder Ähnliches. Doch Gott hat das nicht gewollt. Er wollte und will, dass die Menschen sich selbst auf die Suche machen, um herauszufinden, wo Gott ist. Erinnerst du dich noch an die Geschichte vom Anfang der Welt? Damals schon wollte Gott, dass die Menschen freiwillig bei ihm bleiben, weil anders Liebe nicht möglich ist. Und so war es auch mit Jesus. Wenn er für alle sofort als Gott erkennbar gewesen wäre, dann hätte man ja gar nicht anders gekonnt, als sich mit ihm gut zu stellen. Denn wer will es sich schon mit Gott verscherzen? Aber das wäre sicher bei vielen nicht ehrlich gewesen.

Doch wer mit offenen Augen durch die Welt ging, hat es auch so gemerkt. Spätestens dann, als Jesus von den Toten zurückgekommen ist. Denn das bekommt ein normaler Mensch nicht hin. Und auch keiner, der nicht besonders eng mit Gott ist. Schließlich kommt das Leben selbst von Gott. Wer es also nach seinem Tod wiederhaben möchte, kann es nur von Gott bekommen. Und der gibt es wohl kaum einem, der vorher falsche Behauptungen über ihn aufgestellt hat.

Spätestens nach der Auferstehung von Jesus haben also seine

Freunde von ihm in besonderer Weise geredet. Sie haben nach Worten gesucht, in denen das, was Jesus ausmacht, festgehalten ist. Das bekannteste unter diesen Worten ist „Christus“. Vielleicht hast du ja bisher gedacht, „Christus“ sei so etwas wie der Nachname von Jesus. Aber Nachnamen gab es damals ja noch nicht. Und „Christus“ ist kein Nachname, sondern ein Titel, ein Wort, das das bezeichnet, was besonders ist an diesem Menschen, so etwas wie „König“ oder „Doktor“. In der Sprache, die die Menschen damals gesprochen haben, heißt „Christus“ „Gesalbter“. Ein Gesalbter war einer, dem man ein besonderes Öl über den Kopf gegossen hatte. Das war eine ganz große Ehre. Im Alten Testament gab es nur drei Sorten von Menschen, die so mit Öl gesalbt worden waren: Zum einen waren das die Könige, zum anderen die obersten Priester und als Drittes Menschen, die Gott in außergewöhnlicher Weise hören konnten, die Propheten.

Wenn man sich nun diese drei Gesalbten anschaut und überlegt, dass Jesus nicht nur ein König, Priester oder Prophet, sondern alles drei auf einmal ist, dann wird einem vieles über Jesus klar. So ist er ein König, einer, der gekommen ist, um sein Volk anzuführen und zu regieren. Dann ist er ein Priester, also einer, der zwischen der Welt Gottes und der der Menschen vermittelt, denn das tun die Priester. Wenn einer zur Zeit des Alten Testaments ein Problem hatte, zum Beispiel weil er etwas gemacht hatte, was Gott nicht gut fand, dann ist er zum Priester gegangen. Der Priester hat für ihn gebetet und ihm dann gesagt, was Gott nun von ihm möchte. So etwas tut ein Vermittler: Er steht vor Gott für die Menschen ein und verkündet vor den Menschen, was Gott denkt. In eine ähnliche Richtung geht der dritte Gesalbte, der Prophet. Ein Prophet ist einer, der das Wort Gottes so genau hört wie sonst keiner. Als zur Zeit des Alten Testaments viel schief gelaufen ist, hat Gott immer wieder zu Propheten gesprochen, die daraufhin dem Volk gesagt haben, was Gott von ihnen denkt. Denn allein konnten sie es nicht hören. Wenn wir Jesus also „Christus", „Gesalbten", nennen, dann sagen wird damit, dass Jesus alles zusammen ist: ein mächtiger Anführer, einer, der für sein Volk vor Gott einsteht, und schließlich einer, der den Willen Gottes so genau kennt wie keiner sonst.

Wie kann man sich das vorstellen?

Jesus ist also mehr als ein besonderer Mensch. Er ist Gott selbst, der Mensch geworden ist. Deshalb konnte Jesus auch sagen: „Ich und der Vater sind eins" (Johannes 10,30) und „Wer mich gesehen hat, der hat auch den Vater gesehen" (Johannes 14,9). Aber wie soll man sich das vorstellen? Wie kann einer Mensch sein und gleichzeitig Gott? Die Antwort auf diese Frage hängt ein bisschen davon ab, wie du dir Gott sonst vorstellst. Denn weil wir Gott nicht sehen, wissen wir ja nur sehr wenig von ihm. Wir wissen zum Beispiel, dass er viel größer und mächtiger ist als alles auf der Erde. Und deshalb nennen wir ihn „allmächtig". Oder wir wissen, dass er nicht sterben kann, weil er das Leben in sich selber hat. Und deshalb nennen wir ihn „unsterblich" oder „ewig".

So etwas kann Jesus nicht gewesen sein, sonst wäre er kein Mensch gewesen. Denn zum Menschsein gehört mehr, als dass man so aussieht wie ein Mensch. Dann wären ja auch ziemlich gut gemachte Puppen Menschen, vor allem, wenn sie dank Batteriebetrieb laufen und sprechen können. Aber Jesus hatte mehr als nur einen menschlichen Körper. Er war in jeder Hinsicht Mensch. Er atmete und hatte Hunger, er musste aufs Klo, brauchte seinen Schlaf und musste schließlich sogar sterben. Gott ist also Mensch geworden mit allem, was dazu gehört. Wie er das genau gemacht hat, wissen wir nicht. Aber schließlich hat er die Menschen gemacht, insofern weiß wohl keiner besser als er, wie das geht.

Was wir aber ahnen können, ist, dass es Gott ganz schön etwas gekostet haben muss, Mensch zu werden. Stell dir nur einmal vor, wie das wäre, wenn du auf alles, was Spaß macht, verzichten würdest, um ganz niedrig und klein zu werden. Und so etwas ist Gott ja geworden, wenn er zum Beispiel seine Macht aufgegeben hat, um ein ganz normaler Mensch zu werden. So etwas macht man nicht einfach so. Das tut man nur, wenn einiges auf dem Spiel steht. Und wenn man die, um die es geht, ganz schön lieb hat. So geht es Gott mit uns.

Worüber Eltern und Kinder reden können

- Was bedeutet Jesus für dich? Wer ist dir wichtiger: Gott der Vater oder Jesus?
- Wo und wie wärest du Mensch geworden, wenn du die Wahl gehabt hättest?
- Woran denkst du, wenn du hörst, dass Gott Mensch geworden ist?

Texte, die man gemeinsam lesen kann

- Jesaja 9,1-6 – Eine von vielen alten Weissagungen über Jesus
- Hebräer 1,1-2,18 – Jesus ist höher als alles auf der Welt
- Philipper 2,6-11 – Was Gott alles aufgeben musste, um Mensch zu werden
- Matthäus 16,13-17 – Petrus erkennt, dass Jesus mehr ist als ein Mensch

Was Jesus für uns getan hat

Jesus lebte, um zu sterben

In Jesus wurde Gott ein Mensch wie du und ich. Und das heißt, dass auch er eines Tages gestorben ist, so wie du und ich und alle Menschen eines Tages sterben werden. Bei Gott kann man sich das schwer vorstellen. Aber es war so. Wenn man sich das einmal überlegt, dann ist das eine ganz unglaubliche Geschichte. Denn es bedeutet, dass unser Gott sogar weiß, was es heißt, zu sterben. Er hat das nicht nur von irgendeinem Platz im Himmel beobachtet, sondern am eigenen Körper erlebt. Und er weiß deshalb auch, wie Menschen sich fühlen, die wissen, dass es mit ihnen zu Ende geht. Deshalb können wir auch gerade dann mit Gott reden. Er versteht uns sogar besser als jeder andere. Denn die anderen haben den Tod noch vor sich. Gott aber hat ihn schon erfahren.

Als Gott Mensch wurde, wurde er also wie wir. Als Jesus in Bethlehem das Licht der Welt erblickte, war also klar, dass er das Ende des Römischen Reiches nicht mehr erleben würde, erst recht nicht die Entdeckung Amerikas oder die Erfindung des Telefons. Wie jeder andere Mensch hatte er nur eine begrenzte Zeit zu leben.

Aber mit Jesus war es anders als mit den meisten von uns. Wir versuchen so lange wie möglich zu leben. Deshalb achten wir darauf, dass wir nicht krank werden und dass wir viel Gesundes essen. Bei Jesus war das anders. Er kam, um zu sterben. Natürlich wollte er nicht einfach nur sterben. Er hat also nicht versucht, sich auf alle möglichen Arten umzubringen. Nein, aber er sah seinen Tod als den wichtigsten Teil seines Auftrags an. Denn Jesus wusste, dass durch seinen Tod die Menschen wieder mit Gott versöhnt werden.

Und so ging er nach Jerusalem, obwohl ihm klar war, dass seine Feinde dort auf ihn warteten. Seine Feinde, das waren die Leute, die in seinem Land das Sagen hatten. Sie erzählten den Menschen: „Gott will, dass wir über euch regieren und euch sagen, was ihr tun sollt." Jesus hat sie gleich durchschaut und mutig gegen sie gepredigt. Er hat den Menschen gesagt, wie Gott wirklich ist und dass seine Herrschaft kommen wird. Das hat den Feinden von Jesus nicht gefallen. Als er also nach Jerusalem, in die Hauptstadt seines Landes kam, haben ihn seine Feinde gefangen genommen und hingerichtet. Er wurde an ein Kreuz genagelt und musste dort hängen, bis er gestorben war. Das war eine besonders grausame Todesstrafe, viel schrecklicher als der elektrische Stuhl oder wenn man erschossen wird, weil es viel länger dauerte. Aber damals hat man viele Leute so umgebracht, von denen man gedacht hat, dass sie besonders schlimme Verbrechen begangen haben. Und so ist auch Jesus diesen grausamen Tod gestorben.

Aber Jesus war davon nicht überrascht. Gott war ja Mensch geworden, um zu sterben. Und deshalb hat Jesus seinen Freunden schon vorher gesagt: „Der Menschensohn muss viel leiden. Die Führer des Volkes, die Hohenpriester und Schriftgelehrten werden ihn ablehnen und töten. Aber drei Tage später wird Gott ihn wieder auferwecken" (Lukas 9,22). Als Jesus dann in Jerusalem verhaftet und vor einen Richter gebracht wurde, wehrte er sich nicht. Er versuchte nicht zu fliehen, sondern sagte ganz offen, was er dachte. Seinen Feinden fiel es deshalb nicht schwer, ihn zu verurteilen.

Was das Kreuz mit dem Gerichtssaal zu tun hat

Das Zeichen des Christentums ist das Kreuz. Wenn du in eine Kirche oder ein Gemeindehaus gehst, wirst du es sicher ziemlich bald entdecken, denn es steht ganz vorn auf dem Altar oder Tisch. Manchmal ist das Kreuz klein, manchmal groß, einmal ist es leer, ein andermal hängt Jesus daran. Wenn du in eine ganz alte Kirche gehst, dann wirst du vielleicht sogar ein Kreuz sehen, an dem ein fast lebensgroßer, blutüberströmter Jesus hängt. In ganz neuen Kirchen ist das Kreuz dagegen oft ganz nett anzusehen, weil zum Beispiel bunte Bilder daraufgemalt wurden. Aber Kreuze sind überall. Viele Menschen tragen sie sogar als Schmuck an Ketten um den Hals oder als Ohrringe.

Wie du gerade gehört hast, ist das Kreuz eigentlich nichts Schönes. Es ist ein Hinrichtungsinstrument, etwas, was sich Menschen ausgedacht haben, um andere ganz langsam und qualvoll umzubringen. Wie kommen also Leute darauf, so etwas als Schmuck zu tragen oder in der Mitte von dem Raum aufzustellen, an dem sie über Gott nachdenken? Wer von uns würde so etwas zum Beispiel mit einem elektrischen Stuhl oder einem Galgen tun?

Wahrscheinlich keiner. Denn Christen sind keine Menschen, die sich über den Tod anderer besonders freuen. Mit einer Ausnahme: Jesus. Sein Tod ist so besonders wie sein Leben. Er kam, um zu sterben und durch seinen Tod die Welt mit Gott wieder zusammenzubringen. Und weil wir vor allem daran denken wollen und ihm dafür danken, dass er so viel auf sich genommen hat, damit wir wieder zu Gott kommen können, deshalb ist das Kreuz im Christentum so wichtig. Ohne das Kreuz und das, was es ausdrückt, nämlich den Tod von Jesus, kann man zwar ein guter und netter Mensch sein, aber kein Christ. Denn Christen sind Leute, die wissen, dass sie nur deshalb mit Gott zusammen sein können, weil Jesus am Kreuz gestorben ist.

Warum das eine mit dem anderen zusammenhängt, ist schwer zu verstehen. Vielleicht werden wir es auch nie ganz begreifen, denn schließlich ist Gott so viel größer als wir. Trotzdem hat er uns in der Bibel ein paar Bilder gegeben, mit deren Hilfe wir das Kreuz besser verstehen können. Das bekannteste unter diesen Bildern ist das vom Gerichtssaal. Vielleicht hast du ja schon einmal eine Gerichtssendung im Fernsehen gesehen oder du warst sogar schon einmal in einem richtigen Gericht. Dann weißt du ja, wie so eine Gerichtsverhandlung abläuft. Da gibt es einen Angeklagten, der heißt so, weil er von einem anderen, dem Staatsanwalt, angeklagt worden ist. Der Staatsanwalt sagt: „Dieser Mensch hat diese und jene schlimmen Dinge getan. Das kann ich beweisen.“ Dem Staatsanwalt gegenüber sitzt der Verteidiger, der zeigen will, dass der Angeklagte nichts getan hat oder zumindest nicht wusste, dass es etwas Schlimmes war, was er getan hat. Ganz vorn zwischen den beiden sitzt der Richter. Der Richter ist weder für noch gegen den Angeklagten. Seine Aufgabe ist es, Staatsanwalt und Verteidiger anzuhören, den Angeklagten und Zeugen zu befragen und dann zu entscheiden, ob der Angeklagte etwas getan hat, was bestraft werden muss. In diesem Fall legt der Richter auch die Strafe fest. Ansonsten spricht er den Angeklagten frei, der dann nach Hause gehen kann.

Wenn man nun in der Bibel manche Texte über das Kreuz von Jesus liest, dann ist es hilfreich, wenn man dabei an eine Gerichtsverhandlung denkt. In diesem Fall sind wir alle die Angeklagten. Wir machen die Welt kaputt, die Gott geschaffen hat. Und Gott lässt sich das nicht mehr länger gefallen. Deshalb zieht er vor Gericht und klagt uns an. Der Richter ist er selber, weil es keinen gibt, der über ihm steht. Was bei diesem Gerichtsverfahren herauskommen muss, ist dir sicher klar, wenn du dieses Buch von Anfang an gelesen hast. Gott hat ja Recht, wir machen tatsächlich seine Welt kaputt. Daran gibt es keinen Zweifel. Insofern hat er Recht, wenn er uns schuldig spricht. Und die Strafe ist auch klar: Wir werden von Gott ganz und gar getrennt. Und damit müssen wir sterben, weil es Leben nur von Gott geben kann.

Aber nachdem er dieses Urteil über uns gesprochen hat, tut Gott etwas, was kein menschlicher Richter tun würde: Er steigt herab von seinem Richterstuhl, geht auf die Anklagebank, also den Ort, wo wir sitzen, und sagt: „Ich nehme das Urteil an." Dann geht er und stirbt. Wir dagegen können frei und lebendig nach Hause gehen. Wir sind schuldig, aber die Strafe hat ein anderer für uns getragen. So etwas ist am Kreuz passiert: Gott wurde Mensch, um als Mensch die Strafe zu übernehmen, die alle Menschen bezahlen müssten. Aber weil Gott sie schon getragen hat, müssen wir sie nicht mehr tragen und sind deshalb frei. (Wenn du dieses Bild vom Gerichtssaal in der Bibel nachlesen willst, dann lies zum Beispiel Römer 3,22-26 oder Jesaja 53,4-6.)

Die Schlacht ist geschlagen und der Preis bezahlt

Manchmal wird das, was am Kreuz geschehen ist, aber nicht mit dem Bild vom Gerichtssaal ausgedrückt, sondern mit einem Schlachtfeld verglichen. Du weißt sicher, was ein Schlachtfeld ist, auch wenn du hoffentlich noch keines mit eigenen Augen gesehen hast. Im Krieg kämpfen zwei Armeen miteinander, bis eine von ihnen gesiegt hat. An so etwas denkt zum Beispiel Paulus, wenn er so über das Kreuz von Jesus redet: „Das Leben hat den Tod überwunden! Tod, wo ist dein Sieg? Tod, wo bleibt nun dein Schrecken? Der Tod hat Macht durch die Sünde ... Aber gelobt sei Gott, der uns den Sieg gibt durch Jesus Christus, unseren Herrn!" (1. Korinther 15,55-57).

Das ist ein etwas schwieriger Text, deshalb will ich ihn dir kurz erklären. Du weißt ja schon, dass wir Menschen durch unsere eigene Schuld von Gott getrennt sind. Diese Trennung nennt man „Sünde". Und wegen dieser Trennung wird jeder von uns irgendwann sterben müssen, weil es Leben nur bei Gott gibt. Paulus stellt sich das Ganze nun wie einen großen Krieg vor. Auf der einen Seite stehen wir, auf der anderen ist der Tod. Der Tod hat fast gewonnen, weil wir durch unsere Sünde von Gott getrennt sind. Aber nun kommt Jesus aufs Schlachtfeld. Durch seinen Tod am Kreuz versöhnt er uns mit Gott und bringt uns damit wieder mit dem Leben zusammen. Der Tod ist besiegt und muss sich nun geschlagen zurückziehen.

Jesus wird hier also als Befreier gefeiert, als einer, der kommt, um eine unterlegene Truppe zum Sieg zu führen. Ähnlich sieht es auch ein anderes Bild aus dem Neuen Testament, dabei geht es um den Sklavenmarkt. Als die Bibel geschrieben wurde, gab es überall Sklaven. Wer sie gekauft hatte, dem gehörten sie und er konnte mit ihnen machen, was er wollte. Viele mussten hart arbeiten, andere mussten am Tisch bedienen, wieder andere haben das Haus in Ordnung gehalten. Auf einem Sklavenmarkt, wo Sklaven verkauft wurden, konnte jeder landen. Denn viele Sklaven waren früher einmal frei gewesen. Aber dann mussten sie Schulden machen und konnten das Geld irgendwann nicht mehr bezahlen. Daraufhin nahm sie derjenige, dem sie Geld schuldeten, und verkaufte sie für den Betrag auf einem Sklavenmarkt.

Und damit kommen wir zum Kreuz von Jesus. Jesus selbst hat darüber einmal gesagt: „Der Menschensohn ist nicht gekommen, dass er sich dienen lasse, sondern dass er diene und sein Leben gebe als Lösegeld für viele" (Markus 10,45 nach

Luther). Auf den Sklavenmärkten war das so: Da schuldet einer einem anderen zum Beispiel hundert Goldmünzen. Und weil er es nicht bezahlen kann, soll er für hundert Goldmünzen verkauft werden. Und nun kommt einer vorbei, schaut sich den Sklaven an und fragt: „Was soll der kosten?" – „Hundert Goldmünzen", sagt der Sklavenhändler. Der Käufer greift in die Tasche, holt einen Beutel mit Geld heraus und legt hundert Goldmünzen auf den Tisch. Dann sagt er zu dem Sklaven: „Du bist frei und kannst nach Hause gehen. Ich habe für dich das Lösegeld bezahlt."

Das ist das, was Jesus am Kreuz für uns getan hat. Wir haben Schulden gemacht, die wir nie im Leben bezahlen können. Denn womit sollen wir für das aufkommen, was wir an der Welt, die Gott gehört, bisher kaputt gemacht haben? Also stehen wir nun auf dem Sklavenmarkt und sollen verkauft werden. Aber dann kommt Jesus daher und bezahlt den Preis für uns. Doch statt uns nun für sich arbeiten zu lassen, lässt er uns frei.

Eine neue Familie

Ja, er tut noch mehr für uns: Er adoptiert uns, nimmt uns auf in seine Familie. Das ist eines der stärksten Bilder, die die Bibel gebraucht, um zu zeigen, was am Kreuz von Jesus geschehen ist. Bei einer Adoption wird ein Kind in eine andere Familie aufgenommen. Vielleicht hat es schon vorher als Pflegekind dort gelebt, vielleicht ist es noch ganz klein. Die Leute, von denen es adoptiert wird, sind jedenfalls nicht seine leiblichen oder richtigen Eltern. Aber durch die Adoption werden sie es in jeder Hinsicht, jedenfalls soweit das möglich ist. Das Kind ist hinterher in allem genauso wie die richtigen Kinder dieser Leute, es hat den gleichen Nachnamen, bekommt das gleiche

Erbe und so weiter. Eine Adoption kann man nicht mehr rückgängig machen. Wenn ein Kind adoptiert wird, dann wird es für immer in seine neue Familie aufgenommen.

So etwas hat Jesus mit uns gemacht. „Schon vor Beginn der Welt, von allem Anfang an, hat Gott uns auserwählt. Wir sollten zu ihm gehören, befreit von aller Sünde und Schuld. Ja, seine eigenen Kinder sollten wir werden, durch seinen Sohn Jesus Christus. Das hat Gott schon damals aus Liebe zu uns beschlossen“ (Epheser 1,4-5). Als Christen sind wir also nicht einfach nur frei geworden, nein, wir gehören zu einer neuen Familie. So wie wir vorher von Gott getrennt waren, gehören wir nun zu Gott. Wir sind seine Kinder, so wie Jesus sein Sohn ist. Das ist etwas, was wir uns kaum vorstellen können, aber es zeigt, wie lieb uns Gott hat.

Jesus gibt sich selbst

Wer über das Kreuz von Jesus nachdenkt, kommt irgendwann auf das Abendmahl. Kurz bevor Jesus gestorben ist, hat er seine Freunde noch einmal zusammengerufen, um ihnen zu erklären, was passieren würde. Das tat er nicht nur durch Worte, sondern durch ein gemeinsames Essen. Dabei nahm das Brot und sagte: „Das ist mein Leib, der für euch hingegeben wird“ (Lukas 22,19). Und dann nahm er einen Becher mit Wein und sagte: „Dies ist mein Blut, mit dem der neue Bund zwischen Gott und den Menschen besiegelt wird“ (Lukas 22,20). Wenn wir also zum Abendmahl gehen, dann denken wir daran, was Jesus für uns getan hat. Er hat sich selbst gegeben, und wir nehmen ihn auf, so wie wir das Brot essen und von dem Kelch trinken. Dann ist er in uns, und wir gehören zu ihm. Enger kann man nicht zusammen sein.

Worüber Eltern und Kinder reden können

- Geht die einzelnen Bilder über das Kreuz noch einmal miteinander durch: Was sagen sie über uns, über Jesus und über Gott? Wie sollten wir uns „hinterher“ verhalten – nachdem wir freigesprochen, befreit und adoptiert sind?
- Welches von den Bildern gefällt dir am besten? Warum?
- Mit welchem Bild kommst du am wenigsten klar? Warum?

Texte, die man gemeinsam lesen kann

- Matthäus 26,47-27,61 / Markus 14,43-15,47 / Lukas 22,47-23,56 / Johannes 18,1-19,42 – Der Tod von Jesus
- Römer 3,22-26 – Der Gerichtssaal
- 1. Korinther 15,55-57 – Das Schlachtfeld
- Markus 10,45 – Der Sklavenmarkt
- Epheser 1,5-6 – Die neue Familie
- 1. Korinther 11,23-26 – Das Abendmahl

Leben als Kind Gottes

Was die Bilder über dich sagen

Und wie geht es nun weiter? Du weißt jetzt ja, was Jesus für dich getan hat. Aber wie geht es weiter mit dir? Auch auf diese Frage findest du eine Antwort, wenn du dir noch einmal die Bilder anschaust, die die Bibel gebraucht, wenn sie vom Kreuz von Jesus redet. Beginnen wir mit dem Bild vom Gerichtssaal. Hier ist klar, dass wir nicht viel tun können. Wenn du vor Gericht stehst, dann entscheidet der Richter, was mit dir passieren soll. Du wirst nicht gefragt, ob du lieber eine Geldstrafe zahlen oder ins Gefängnis oder lieber einfach nach Hause gehen möchtest. So etwas entscheidet nur der Richter. Und wenn du tatsächlich das getan hast, was dir vorgeworfen wird, dann kannst du nicht damit rechnen, dass man dich einfach wieder laufen lässt.

Das Bild vom Gerichtssaal zeigt also ziemlich deutlich, dass wir uns nicht selbst aus unserem Problem befreien können. Wir machen Gottes Welt kaputt, daran gibt es nichts zu rütteln. Und deshalb können wir auch nicht einfach zu uns selbst sagen: „Okay, das stimmt, wir machen Gottes Welt kaputt. Aber das ist ja kein schlimmes Verbrechen. Deshalb wird es nicht bestraft.“ Ob es bestraft wird und wie, das entscheidet nicht der Angeklagte, sondern der Richter.

Ganz und gar unbeteiligt sind wir vor Gericht aber nicht. Wenn der Richter das Urteil gesprochen hat, dann hat man als Verurteilter ein paar Wochen Zeit um sich zu überlegen, ob man es annehmen will. Wenn du also zu einer Strafe verurteilt wirst, dann kannst du hinterher sagen: „Ich finde das Urteil ungerecht. Ich möchte, dass ein anderer Richter das noch einmal überprüft." In so einem Fall kann man sich an ein höheres Gericht wenden. Das macht natürlich nur Sinn, wenn das Urteil tatsächlich ungerecht war. Sonst wird ein höherer Richter auch zu keinem anderen Ergebnis kommen.

Wenn du nun das Kreuz von Jesus als eine Gerichtsverhandlung ansiehst, dann bedeutet das, dass du als Verurteilter das Urteil annehmen musst. Ja, du hast tatsächlich mitgeholfen, Gottes Welt kaputtzumachen, und Gott hat deshalb tatsächlich Recht, wenn er dich dafür vor Gericht gebracht hat. Aber das ist ja noch nicht alles, was in dem Bild steckt. Das Entscheidende fehlt ja noch. Schließlich geht es um Jesus, der deine Strafe getragen hat. Auch hier kannst du nicht so tun, als wäre nichts gewesen.

Stell dir vor, du hättest etwas ziemlich Wertvolles kaputtgemacht. Es kostet meinetwegen 500 Euro. Zähneknirschend gehst du an deine Spardose und merkst, dass dir beim Umdrehen nur ein paar Münzen entgegenfallen. Du hast das Geld schlichtweg nicht. Doch da kommt plötzlich einer, hält dir einen 500-Euro-Schein unter die Nase und sagt: „Hier, damit kannst du bezahlen, was du kaputtgemacht hast." Jetzt musst du irgendetwas sagen. Entweder du bedankst dich, nimmst das Geld und bezahlst, oder du brummelst: „Ich komme schon alleine klar!" und nimmst das Geld nicht.

So ist das auch bei Jesus. Du bist von Gottes Gericht verurteilt worden, und Jesus sagt zu dir: „Ich bezahle deine Strafe!" Auch das passiert nicht automatisch, sondern nur, wenn du dem zustimmst. Wenn du stattdessen sagst: „Ich habe gar nichts falsch gemacht, deswegen muss ich auch nicht bestraft werden!" oder „Ich kann meine Strafe selber tragen, ich brauche keinen, der das für mich tut!", dann ist die ganze Sache für dich zunächst einmal erledigt und alles bleibt beim Alten. Wie bei unseren Gerichten auch, kommt die Angelegenheit dann vor ein höheres Gericht. Und das wird am Ende der Zeiten stattfinden, wenn es diese Welt nicht mehr geben wird.

Aber das Bild vom Gerichtssaal ist ja nicht das einzige, das die Bibel gebraucht, wenn sie vom Kreuz von Jesus redet. Bei den nächsten beiden Bildern ist es allerdings nicht ganz so einfach herauszufinden, wie du in ihnen vorkommst. Auf dem Schlachtfeld und dem Sklavenmarkt musst du nämlich gar nichts tun. Du kannst auch nichts tun. Wir kämpfen alle gegen den Tod und werden diesen Kampf irgendwann verlieren. Es geht nur darum, dass wir die Niederlage, die irgendwann kommen wird, so weit wie möglich herauszögern. Wir wollen nicht jetzt sterben, sondern erst viel später. Aber irgendwann werden wir sterben.

Und nun kommt Jesus und befreit uns. Wir können ihm dabei nicht helfen, wir können auch nichts dagegen tun. Denn der Tod wird besiegt und kann uns damit nicht mehr gefährlich werden. Wenn man das, was Jesus am Kreuz für uns getan hat, mit einem Schlachtfeld vergleicht, dann können wir gar nichts machen. Wir können uns nur darüber freuen, dass einer kommt, der uns befreit.

So ähnlich ist das mit dem Sklavenmarkt. Wenn du da stehst und verkauft werden sollst, wird dich kaum einer fragen, an wen du denn gern verkauft werden würdest. Wenn also einer kommt, das Geld für dich bezahlt und dich gehen lässt, dann bist du frei, ob dir das gefällt oder nicht. Denn du kannst ja nicht zu dem Sklavenhändler sagen: „Ich mag nicht frei sein. Nimm mich wieder zurück und verkaufe mich an einen anderen." Der Sklavenhändler hat sein Geld bekommen, die Schuld ist bezahlt. Und damit hat er mit dir nichts mehr zu tun.

In diesem Bild steckt jedoch etwas drin, was in dem letzten

Bild, dem von der Familie, noch stärker ist: Gott möchte dich. Auf dem Sklavenmarkt gibt es hunderte von Sklaven, aber gerade du wirst freigekauft. So ähnlich ist das mit dem Bild von der Familie. Niemand adoptiert auf irgendeiner Behörde einfach mal so ein ganzes Waisenhaus. Sondern man adoptiert ein ganz bestimmtes Kind, eins, das man kennt und möchte. Diese beiden Bilder drücken also aus, dass es Gott ganz speziell um dich geht. Du bist nicht irgendeine Nummer, einfach nur einer oder eine von vielen, sondern du bist etwas ganz Besonderes. Gott kennt dich, und er möchte gerade dich.

Ein neuer Anfang

Gehen wir weg von den Bildern und überlegen uns, was das nun für uns heißt. Vielleicht hast du bisher gedacht, deine Geschichte mit Gott hat angefangen, als du dich zum ersten Mal für ihn interessiert hast oder als dir jemand zum ersten Mal von Gott erzählt hat. Aber das ist nicht so. Sie begann viel früher. Gott kannte dich schon, bevor du überhaupt geboren warst (Psalm 139,13-16), ja schon bevor er die Welt gemacht hat, hat er an dich gedacht und gewollt, dass du ihn einmal durch Jesus kennen lernst (Epheser 1,4). Und mehr als das: Er wollte, dass du eines Tages sein Kind wirst, dass du zu seiner Familie gehörst wie Jesus (Epheser 1,5).

Und deshalb hat Gott auch immer wieder versucht, mit dir Kontakt aufzunehmen. Oft hast du es nicht gemerkt, aber manchmal schon. Du hast von ihm durch andere Menschen gehört und von ihm gelesen. Du hast gebetet und erlebt, dass Beten etwas bringt. Da ist einer, der zuhört. Du hast gelegentlich einen kleinen innerlichen Schubs bekommen, hast das Gefühl gehabt, du solltest zum Beispiel einem anderen Menschen etwas Gutes tun. Du bist in den Gottesdienst und in die Kinder- und Jugendstunde gegangen und hast erlebt, dass es dort schön ist.

Das alles sind kleine Hinweise, die Gott dir gegeben hat, damit du merkst, dass es noch mehr gibt als diese Welt. Dass es da einen gibt, der dich kennt, der dich liebt und der mit dir in Kontakt kommen möchte. Und nun ist es an dir, ihm zu antworten. Vielleicht bist du dir noch nicht sicher, ob es Gott gibt und das alles so stimmt, was du über ihn gehört hast. Dann rede doch einfach mit ihm. Du kannst ihm zum Beispiel sagen: „Lieber Gott, ich habe jetzt schon so viel von dir gehört. Aber ich weiß nicht, was ich davon halten soll. Ich bin mir nicht sicher, ob es dich gibt und wie du zu mir stehst. Deshalb bitte ich dich: Zeige dich mir. Wie du das tust, überlasse ich dir. Aber mache es bitte so, dass ich es verstehe und merke, dass es dich gibt und du mich lieb hast." Wenn du das gebetet hast, dann warte einfach ab. Gott wird sicher auf dein Gebet antworten. Vielleicht musst du eine Weile warten, vielleicht passiert es auch ganz schnell. Was geschehen wird, kannst du vorher nicht wissen. Aber es wird etwas sein, was du verstehst.

Vielleicht bist du aber auch schon weiter. Du bist dir schon ganz sicher, dass es Gott gibt und dass das mit Jesus so ist, wie es in der Bibel gesagt wird. Auch dann solltest du mit Gott reden: „Lieber Gott, danke, dass du mich schon gekannt hast, bevor ich überhaupt geboren wurde. Ich kann mir das nicht vorstellen, aber ich freue mich darüber, dass du mich so sehr liebst, dass du mit mir in Kontakt kommen willst. Es tut mir Leid, dass ich mitgeholfen habe, deine Welt kaputtzumachen. (Wenn dir hier etwas einfällt, was du Böses oder Schlimmes getan hast, dann sage es Gott.) Und ich danke dir dafür, dass du Mensch geworden bist, um alles wieder in Ordnung zu bringen. Ich danke dir, dass du am Kreuz alles getan hast, was dafür nötig war. Und ab jetzt möchte ich als dein Kind leben. Bitte nimm mich in deine Familie auf."

Auch mit diesem Gebet wird etwas passieren: Gott wird genau das tun, worum du ihn gebeten hast. Er wird dich in seine Familie aufnehmen und zu seinem Kind machen. Und das wirst du auch bleiben, für immer und ewig. Denn eine Adoption kann man nicht mehr rückgängig machen. Wenn Gott dich zu seinem Kind macht, dann kann das niemand mehr ändern. Du bleibst sein Kind für alle Zeit.

Weil Gott das Wichtigste überhaupt ist, ist die Frage, ob du mit ihm leben und sein Kind sein möchtest, die wichtigste Entscheidung deines Lebens. Deshalb solltest du es dir gut überlegen, so etwas kann man nicht nebenbei machen. Denke darüber nach, rede mit anderen Menschen, die schon Kinder Gottes sind, darüber, stell alle Fragen, die du vorher geklärt haben möchtest. Aber wenn du weißt, jetzt ist die Entscheidung dran, dann mache auch ganze Sache. Denn weil es das Wichtigste in deinem Leben ist, bringt es nichts, davor wegzulaufen.

Ein neues Leben

Wenn du Gottes Kind geworden bist, dann beginnt für dich etwas ganz Neues. Es ist wie wenn ein Kind aus einem Waisenhaus abgeholt wird und zum ersten Mal zu seiner neuen Familie fährt, bei der es nun für immer wohnen wird. Auch wenn das der Augenblick ist, von dem es früher immer geträumt hat, ist es doch erst der Anfang. Obwohl es nun adoptiert ist und richtig zur Familie gehört, muss sich das ehemalige Waisenkind doch erst an einiges gewöhnen. Wenn es zum Beispiel im Waisenhaus bei Tisch immer ganz schnell sein musste, um eins von den Würstchen zu ergattern, dann wird es in seiner neuen Familie einige Zeit brauchen, bis es nicht bei jedem Essen schnell über den Tisch langt, bevor es sich hinsetzt. Oder wenn es gewohnt war, immer mit anderen Kindern in einem Zimmer zu sein, dann wird es sich am Anfang in seinem schönen neuen Zimmer ein bisschen einsam fühlen.

Aber mit der Zeit gewöhnt man sich an alles, sogar an das Gute. Und schließlich geht es einem in der Familie Gottes viel besser als ohne sie. Doch wie überall musst du auch hier erst noch hineinwachsen. Und das geht eben nicht von heute auf morgen (das hast du sicher schon gemerkt, wenn dir deine Eltern Kleidung gekauft haben, die ein bisschen zu groß ist, damit du sie auch nächstes Jahr noch anziehen kannst). Und so spricht auch die Bibel davon, dass das Christsein etwas ist, in dem man wächst. Jesus selbst nennt den Augenblick, wo du Gottes Kind wirst, eine „neue Geburt" (Johannes 3,3-8). Wenn du eine kleine Schwester oder einen kleinen Bruder hast, dann weißt du, dass mit der Geburt noch nicht alles getan ist. Du hast dich vielleicht darauf gefreut, mit deinem kleinen Geschwisterkind spielen zu können, aber nun liegt es einfach da, schläft, schreit, wird gestillt und macht die Windeln voll.

Das ist ja auch ganz in Ordnung so. Das mit dem Spielen kommt später, in ein paar Jahren. Jetzt muss es erst einmal ein bisschen größer werden, krabbeln und laufen lernen und vieles andere mehr. Wenn Jesus also deine Aufnahme in Gottes Familie eine „neue Geburt" nennt, dann heißt das auch, dass du nun noch nicht alles können und wissen musst. Wie ein Baby, das gerade auf die Welt gekommen ist, musst auch du noch vieles lernen, aber du hast auch die Zeit dazu. Niemand erwartet von einem Baby, dass es Fahrrad fahren kann.

Aber irgendwann soll das Kind das ja einmal lernen. Und dafür sorgen die Eltern und die Geschwister. So ist das auch in der Familie Gottes. Gott nimmt dich nicht auf und lässt dich dann allein. Er hat einiges mit dir vor. Auch hier ist es so wie in

guten Familien, wo die Kinder so werden (wollen) wie die Eltern. So ist es auch in der Familie Gottes, wo wir alle so werden sollen wie unser großer Bruder Jesus. Die Bibel sagt das ziemlich deutlich: „Das eine aber wissen wir: Wer Gott liebt, dem dient alles, aber auch wirklich alles zu seinem Heil; denn dazu hat Gott selbst ihn erwählt und berufen. Wen Gott nämlich auserwählt hat, der ist nach seinem Willen auch dazu bestimmt, seinem Sohn ähnlich zu werden, dem ersten unter vielen Brüdern“ (Römer 8,28-29).

Wenn davon die Rede ist, dass wir alle Jesus ähnlicher werden sollen, dann heißt das natürlich nicht, dass du dich so anziehen sollst wie Jesus oder denselben Beruf lernen sollst. Es geht vielmehr um das, was man Charakter nennt, die inneren Einstellungen und Werte. Für Jesus stand Gott an erster Stelle. Er hat ihn über alles geliebt und nie etwas getan, was Gott geärgert hätte. Und deshalb hat er sich für die Wahrheit eingesetzt, hat gegen Ungerechtigkeiten gekämpft und denen geholfen, die es gebraucht haben. Wie Jesus gelebt hat, kannst du in den Evangelien in der Bibel nachlesen. Lies es und überlege dir, was das, was da steht, für dein Leben heißen könnte. Wo bist du Jesus schon ziemlich ähnlich? Wo könnte sicher noch einiges verbessert werden?

Eins ist klar: Genauso wie Jesus werden wir in diesem Leben nie werden. Aber wir können uns auf den Weg dahin machen. Und alles Weitere kommt dann nach unserem Tod. Denn Jesus hat den Tod besiegt, erinnerst du dich? Deshalb musst du zwar trotzdem noch sterben, auch als Kind Gottes, aber dann wirst du wieder auferstehen und wirst mit ihm in seiner neuen Welt leben. Und spätestens dann bist du so wie er. Und nicht nur du, auch die anderen. Kannst du dir eine schönere Welt vorstellen?

Worüber Eltern und Kinder reden können

- Wann hast du zum ersten Mal gemerkt, dass Gott mit dir in Kontakt kommen möchte? Wie war das? Was ist dann passiert?
- Was bedeutet es für dich, ein Kind Gottes zu sein?
- Was tust du, um Jesus ähnlicher zu werden? Was tut er, um dir dabei zu helfen?

Texte, die man gemeinsam lesen kann

- Römer 8,1-38 – Leben als Kind Gottes
- Matthäus 5,1-7,27 – Was Jesus wichtig ist
- Hebräer 12,1-11 – Gott erzieht seine Kinder

Du bist nicht allein

Gott in uns

Wenn ein Kind adoptiert wird und in eine neue menschliche Familie kommt, dann ist das sicher nichts, was man einfach so und zwischendrin macht, so wie man Brot vom Bäcker mitbringt. Es gibt sicher eine Feier, wo alle zusammen sind und dem neuen Familienmitglied klarmachen, dass es jetzt zu ihnen gehört. Bei Gott gibt es das auch. Diese Feier ist die Taufe. Du hast sicher schon einmal bei einer Taufe zugesehen, vielleicht kannst du dich auch an deine eigene Taufe erinnern. Derjenige, der getauft werden soll, wird dabei mit Wasser übergossen oder sogar untergetaucht. Allen soll damit klargemacht werden, dass jetzt etwas Neues beginnt. Das, was vorher war, wird nun abgewaschen, und es taucht ein Kind Gottes aus dem Wasser auf.

In der Taufe adoptiert Gott also das Kind in seine Familie. Und gleichzeitig sagt das Kind, dass es zu Gott gehören will. Wenn das Kind noch zu klein ist, sagen es die Eltern und Paten. Aber damit ist die Verbindung zwischen Gott und dem Kind geschlossen. Nun fragst du dich sicher, wie es weitergeht. Wenn man in eine menschliche Familie aufgenommen wird, packt man irgendwann seine Sachen und zieht in die Wohnung, wo die neue Familie wohnt. Dort ist man jeden Tag mit ihnen zusammen und sieht, wie sie so sind und was sie machen.

Mit Gott ist das erst einmal nicht so einfach. Auch wenn du nun sein Kind bist, bleibt auf den ersten Blick alles beim Alten. Du kannst Gott genauso wenig sehen wie vorher, und wenn du mit ihm redest, hörst du keine Stimme vom Himmel, die dir antwortet. Aber das heißt nicht, dass Gott nicht da ist. Im Gegenteil, als du sein Kind geworden bist, ist etwas passiert, was ihn dir so nahe gebracht hat wie nie zuvor: Gott ist sozusagen in dich hineingekommen.

Als Jesus seinen Freunden angekündigt hat, dass er sterben würde, waren sie furchtbar traurig. Doch Jesus hat ihnen geantwortet: „Ich werde den Vater bitten, dass er an meiner Stelle jemanden zu euch senden soll, der euch helfen wird und euch nie verlässt. Dies ist der Geist der Wahrheit" (Johannes 14,16-17). Gott kommt also durch seinen Geist, den „Geist der Wahrheit" oder „Heiligen Geist", wie er meistens genannt wird, in uns hinein. Und was dieser Geist mit uns tun wird, das hat Jesus ebenfalls gesagt: Er wird uns helfen und uns nie verlassen.

Nachdem Jesus gestorben und auferstanden war, ist das tatsächlich passiert. Zu Pfingsten bekamen seine Freunde den Heiligen Geist. Und das hat sie völlig verändert. Vorher waren sie mutlos und hatten Angst, den Leuten etwas von Jesus zu erzählen. Aber jetzt machte ihnen das auf einmal nichts mehr aus. Ganz offen haben sie mit allen über Jesus geredet. Das hat der Heilige Geist gemacht. Er hat ihnen geholfen, wie Jesus es versprochen hatte.

Bei dir wird das Heilige Geist auch tun, denn wenn du Gottes Kind bist, dann ist er auch in dir. Zur Geburt bekommt man immer etwas geschenkt und wenn man Christ wird, ist das der Heilige Geist. Aber wie das so ist mit vielen Sachen, die man zur Geburt bekommt: Auch hier musst du in manches erst hineinwachsen.

Sei also nicht traurig, wenn du dich zuerst nicht viel mutiger fühlst oder Gott nicht besser verstehst als vorher. Es ist wie bei einem Baby, das gerade geboren wurde. Es kommt in eine ganz neue Welt, die es kennen lernen muss. Da sind zum Beispiel die Eltern und Verwandten, die es herumtragen und sagen: „Ist es nicht süß?" Für so ein Baby sind das erst einmal nur irgendwelche Leute, die komische Töne machen. Erst mit der Zeit wird es herausfinden, wer die eigentlich „wichtigen" Menschen sind. Seine Mama kennt es ja schon, von seinem Vater hat es die Stimme im Mutterleib gehört. Aber was beide sagen, wird es erst nach langer Zeit verstehen. Denn dazu muss es zunächst herausfinden, wie Menschen sich miteinander verständigen. Es muss lernen, dass die komischen Töne, die sie machen, ganz wichtig sind, weil wir so miteinander reden.

Dass das so ist, sieht man aber nicht gleich. Hast du schon einmal einen taubstummen Menschen gesehen, also einen, der nicht hören und nicht reden kann? Solche Menschen machen meistens auch irgendwelche Töne mit dem Mund, aber so können sie nicht sprechen. Wenn sie sich unterhalten wollen, benutzen sie ihre Arme und Hände und machen damit bestimmte Zeichen. Und nun stell dir vor, unser Baby würde in so eine Familie geboren werden. Hier müsste es lernen, auf die Handbewegungen zu achten und nicht auf die Töne.

So ist es auch mit uns und Gott. Vieles verstehen wir am Anfang nicht, weil wir erst erkennen müssen, wie Gott zu uns spricht. Aber der Heilige Geist hilft uns dabei, so wie die Eltern dem Kind beim Sprechenlernen helfen. Wenn wir in der Bibel lesen, dann wird er uns auf die wichtigen Stellen aufmerksam machen. Plötzlich bleibst du irgendwo hängen, liest etwas, das dich nicht mehr loslässt. Das könnte ein Hinweis des Heiligen Geistes sein. Also sprich mit ihm darüber und frag ihn, was er damit meint. Und dann versuche herauszufinden, wie er dir antwortet. Vielleicht fällt dir irgendein Ereignis ein, das dazu passt. Du liest zum Beispiel, dass Gott das Lügen nicht gut findet, und dir fällt auf einmal ein, dass du letztens gelogen hast. Dann bitte Gott um Verzeihung und darum, dass er dir das nächste Mal den Mut und die Kraft gibt, nicht zu lügen.

Natürlich wirst du dabei immer wieder Sachen falsch machen und denken, Gott hätte geredet, obwohl er es gar nicht hat. Das ist aber nicht schlimm. Denn indem du Dinge immer wieder probierst und auch mal falsch machst, lernst du mit der Zeit, wie man es richtig macht. Und nichts wäre schlimmer, als wenn du es gar nicht probieren würdest. Denn dann wirst du es mit Sicherheit nicht lernen. Es ist so wie bei einem kleinen Kind, das sprechen lernt. Es sieht zum Beispiel ein Telefon und bekommt mit, dass die Leute es ans Ohr halten und „Hallo" sagen, wenn es klingelt. Deshalb denkt es vielleicht, das Telefon hieße „Hallo", und nennt es auch so. Seine älteren Geschwister lachen vielleicht darüber, und es kann sogar sein, dass eins sagt: „Das ist ja dumm!" Aber das kleine Kind ist nicht dumm, sondern ziemlich schlau. Es hat nämlich gemerkt, dass das Telefon und das „Hallo"-Sagen zusammengehören. Dass ein Telefon „Telefon" genannt wird, kann es dagegen gar nicht wissen. Denn keiner nimmt den Hörer ab und sagt: „Telefon". Aber im Laufe der Zeit wird ein kleines Kind auch das herausbekommen. Allerdings nur, wenn es sich freut, sprechen zu lernen. Wenn es einfach abwartet, bis es perfekt sprechen kann, bevor es das erste Wort sagt, wird es niemals reden können. Denn nur wenn es etwas ausprobiert, wird es herausfinden, wie es geht.

Wenn du also mit Gott leben willst, musst du lernen, seine Sprache zu verstehen. Er redet mit dir vor allem durch die Bibel, aber auch durch Dinge, die du siehst und erlebst, durch andere Christen und kleine Gedanken im Alltag. Das sind alles

Sachen, die man nicht immer gleich mitkriegt, genauso wie ein Baby vielleicht nicht merkt, dass seine Eltern komische Töne machen, um mit ihm zu reden. Aber wenn es das nicht lernt, wird es in dieser Hinsicht nicht weiterwachsen. Lernen ist viel wichtiger, als alles richtig zu machen, auch bei Gott.

Ein Korb voller Geschenke

Doch der Heilige Geist hilft dir nicht nur beim Wachsen und Lernen. Wie menschliche Eltern auch, gibt uns Gott durch seinen Heiligen Geist Dinge mit auf den Weg, die wir gebrauchen können. Manches können wir ja von Natur aus ganz gut. Der eine ist zum Beispiel wieselflink, wenn es ums Laufen geht, eine andere kann gut Fahrrad fahren oder schwimmen. Manche können gut schreiben und reden, anderen fällt es leicht, fremde Sprachen zu lernen oder schwierige Aufgaben in Mathematik zu lösen. Wenn das so ist, dann sagen die Leute: „Der hat Talent." oder „Die hat dafür eine besondere Begabung". Das Wort „Begabung" ist dabei interessant, denn es hat mit „Gabe" zu tun oder „Geschenk". Wenn du in irgendeinem Bereich besonders begabt bist (und das bist du sicher), dann hast du ein Geschenk von Gott bekommen. Gott hat dir etwas gegeben, damit du dich darüber freust.

Doch das ist noch nicht alles. Wenn Menschen begabt sind, freuen sich auch andere darüber. Wenn du krank bist, dann bist du vermutlich ziemlich froh, dass es Ärzte gibt, also Leute, die begabt sind im Umgang mit Krankheiten. Wenn du fröhlich bist, machst du das Radio an und freust dich darüber, dass es Menschen gibt, die musikalisch sind und schöne Lieder schreiben und singen können. Vielleicht schaust du dir auch ein Fußballspiel im Fernsehen an und freust dich darüber, dass die Fußballer deiner Mannschaft so begabt sind. Begabungen sind Geschenke, nicht nur für die Leute, die sie haben, sondern auch für die anderen.

Sei also nicht neidisch, wenn andere etwas können, was du nicht (so gut) kannst. Dafür bist du in anderem besser. Und wenn du dich mit anderen zusammentust, dann könnt ihr vieles ziemlich gut. Viele Bücher sind zum Beispiel so entstanden, dass einer den Text geschrieben hat und ein anderer die Bilder gemalt hat. Bei Musik ist es noch vielfältiger: Oft komponiert einer die Melodie, ein anderer reimt die Worte dazu, eine ganze Band setzt es um. Wer gerne Musik hört, kann auf keinen von ihnen verzichten.

Die Bibel beschreibt die Sache mit den Begabungen mit dem Bild eines Körpers (1. Korinther 12,12-26). Vielleicht ist es dir noch nicht aufgefallen, aber dein Körper ist ein reines Wunderwerk. Er besteht aus ganz vielen unterschiedlichen Teilen: Du hast Augen, um zu sehen, Ohren, mit denen du hören kannst, eine Nase zum Riechen und einen Mund zum Essen. Und das ist nur das Gesicht. Dazu kommen die Arme und Beine, ja selbst deine Finger sind unterschiedlich geformt. Und wenn du dann unter die Oberfläche schaust, wirst du entdecken, dass auch deine inneren Organe ganz unterschiedlich sind.

Das muss auch so sein. Wenn du nur ein einziges großes Auge wärst, dann würdest du wahrscheinlich nur die Hälfte von dem mitbekommen, was du jetzt erlebst. Denn du könntest nicht mehr hören, riechen, schmecken und fühlen. Oder wenn alle deine Finger wie der Zeigefinger wären, fiele vielleicht das Zeigen leichter, aber das Greifen könntest du vergessen. Denn dafür braucht man den Daumen. Oder denke doch nur einmal daran, wie Essen funktioniert: Da nehmen die Finger die Nahrung, der Arm hebt sie in den Mund, wo die Zähne sie zerbeißen.

Und dann geht es erst richtig los. In deinem Körper ist ein richtiges kleines Chemiewerk, mit dem alles in seine Bestandteile zerlegt und sortiert wird. Was du zum Leben brauchst, das behältst du, den Rest scheidest du aus.

Damit das alles so funktioniert, müssen die Körperteile nicht nur gut zusammenarbeiten, sie müssen auch verschieden sein. Was bringt dir ein zweiter Blinddarm, wenn du eigentlich einen Daumen benötigst? Insofern ist es gut, dass Gott deinen Körper aus vielen unterschiedlichen Körperteilen zusammengesetzt hat, die alle gut miteinander funktionieren. Und dasselbe gilt auch für deine ganze Person. Auch du bist mit deinen Begabungen ein Glied in der großen Welt Gottes. Das sind die Dinge, die er dir geschenkt hat, um damit dir und anderen eine Freude zu machen.

Was deine Begabungen sind, das musst du selbst herausfinden. Aber sicher hast du schon die eine oder andere Idee. Schließlich gibt es Dinge, die dir Spaß machen, und andere, die dir schwer fallen. Und es gibt Menschen, die dir zum Beispiel gesagt haben: „Du kannst wirklich gut zeichnen!“ oder „Du bist ganz schön sportlich!“ Vieles musst du auch erst ein paar Mal ausprobiert haben, bevor du wissen kannst, ob du darin begabt bist. Man kann nicht einfach sagen: „Mal schauen, ob ich musikalisch bin“, und sich für eine halbe Stunde ans Klavier setzen. Wenn du nicht ein absolutes Wunderkind bist, wird da nichts dabei herauskommen. Aber wenn du ein paar Stunden Klavierunterricht nehmen würdest, könntest du entdecken, ob du mit der Zeit Freude an diesem Instrument bekommst.

Doch was immer deine Begabungen sind, setze sie ein für Gott und für andere! Natürlich kannst du sie auch so benutzen, dass die anderen neidisch auf dich werden, aber damit machst du dir keine Freunde. Und auf Dauer funktioniert das auch nicht. Stell dir vor, deine Körperteile fingen plötzlich Streit miteinander an, wer das wichtigste von ihnen ist. Da kämen sie auf keinen grünen Zweig, denn es gibt keine unwichtigen Körperteile (oder würdest du auf eins von ihnen verzichten wollen?). Schließlich ist immer das Körperteil das wichtigste, das gerade gebraucht wird.

So ist es auch bei uns. Was nützt es dir, wenn einer gut Musik machen kann, du aber einen Arzt brauchst?

Und was nützt dir der Arzt, wenn dein Fahrrad kaputt ist? Wir brauchen Menschen mit ganz unterschiedlichen Begabungen. Und deshalb brauchen wir auch dich. Halte also mit deinen Begabungen nicht hinter dem Berg, sondern setze sie ein. Und du wirst merken, wie Gott dabei durch dich anderen Menschen weiterhilft.

Da wächst etwas

Aber deine Begabungen sind noch nicht alles, was Gott dir mit auf den Weg gegeben hat. Dazu kommt etwas ganz Spezielles. Während alle Menschen irgendeine Begabung haben, gibt es auch etwas, was nur die Kinder Gottes haben. Denn wenn der Heilige Geist in unser Leben kommt, dann beginnt etwas in uns zu wachsen. Die Bibel nennt es die „Frucht des Geistes" (Galater 5,22 nach der Lutherübersetzung): „Der Heilige Geist bringt in unserem Leben nur Gutes hervor: Liebe und Freude, Frieden und Geduld, Freundlichkeit, Güte und Treue, Besonnenheit und Selbstbeherrschung" (Galater 5,22).

Wenn du diese Liste siehst, denkst du vielleicht: „Au weia, da ist einiges dabei, was ich noch nicht habe." So kann es sein, dass du kein besonders geduldiger Mensch bist. Und oft merkst du auch, dass es mit der Liebe ziemlich hapert. Aber das macht nichts. Denn bei all dem, was da aufgezählt wird, handelt es sich nicht um Begabungen, sondern um eine Frucht.

Der Unterschied ist klar: Eine Begabung hat man, oder man hat sie nicht. Die einen sind eben musikalisch, andere sind es nicht. Die einen können gut rechnen, andere nicht. Zwar können alle dazulernen, aber aus einem, dem es schwer fällt, im Takt zu klatschen, wird sicher kein großer Musiker werden. Dafür kann er anderes. So ist das nun einmal mit den Begabungen.

Mit der Frucht ist das anders. Du hast sicher schon einmal einen Samen gesät. Man gräbt ein kleines Loch in die Erde, legt das Samenkorn hinein und verschließt das Loch. Dann kann man eigentlich nur noch warten. Wenn es Kresse ist, wird ziemlich schnell etwas wachsen, Blumen dauern ein bisschen länger, und wenn du einen Apfelsamen gesät hast, wirst du noch einige Jahre zur Obsttheke gehen müssen, bevor du deine eigenen Äpfel ernten kannst. Denn Wachstum braucht Zeit.

So ist das auch mit dem, was der Heilige Geist in dir macht. Du bist jetzt vielleicht nicht geduldig, aber durch den Heiligen Geist wächst die Geduld in dir heran. Sicher wird es einige Jahre dauern, bis du eine wirkliche Veränderung merkst, aber das wird kommen, genauso wie bei den anderen Dingen, die da aufgezählt sind. Voraussetzung ist allerdings, dass du das Wachstum nicht behinderst. Wachstum kann man zwar nicht machen, aber man kann es aufhalten. Wenn du einen Samen säst und dann den Blumentopf in den dunklen Keller stellst, wird da nie eine Blume blühen. Zum Wachsen brauchen Pflanzen nämlich Sonne und Wasser. Deshalb wird auch nichts passieren, wenn du dein Pflänzchen nicht gießt. Wenn du aber darauf achtest, dass die Pflanze immer genug Licht und Wasser hat, dann wird sie gut wachsen.

Bei uns ist das genauso. Wenn wir uns viel mit Gott beschäftigen, mit ihm reden, in der Bibel lesen und uns mit anderen Kindern Gottes treffen, dann werden wir besser und schneller wachsen, als wenn wir das alles nicht haben. Das heißt nicht, dass Gott nicht auch dann im Laufe der Zeit eine kleine Frucht in uns heranwachsen lassen kann. Aber es ist alles viel mühsamer, als wenn wir die richtigen Bedingungen für das Wachstum haben. Wenn du also willst, dass die Frucht des Geistes in dir heranwächst, dann beschäftige dich so viel wie möglich mit Gott. Und zum Glück bist du ja dabei nicht allein. Doch darüber hörst du mehr im nächsten Kapitel.

Worüber Eltern und Kinder reden können

- Woran merkst du, dass Gott dir nahe ist? Was tust du, um seine Sprache zu lernen?
- Welche Begabungen hat Gott dir gegeben, und wie setzt du sie ein? Welche Begabungen hättest du gerne und warum?
- Wo erlebst du, dass die Frucht des Geistes in dir gewachsen ist? Und was tust du, damit sie gut wachsen kann?

Texte, die man gemeinsam lesen kann

- Johannes 14,1-26 – Jesus lässt uns nicht allein
- 1. Korinther 12-14 – Viele Begabungen und wie man sie einsetzt
- Galater 5,16-25 – Was in uns alles wächst und wie wir ihm dabei helfen können

Eine neue Familie

Jeder hat etwas beizutragen

Du bist nicht allein, denn Gott ist bei dir. Aber nicht nur er. Schließlich bist du nun Teil einer neuen Familie, die man „Kirche“ nennt. Und zu einer Familie gehört nicht nur der Vater, sondern auch Geschwister. Wenn du einmal nachdenkst, dann fallen dir sicher Menschen ein, die auch Kinder Gottes geworden sind. Deine Eltern zum Beispiel. Oder deine Freunde in der Gemeinde. Oder einige Onkel und Tanten, manche Cousinen und Cousins. Und noch viele mehr. Ihr alle gehört zu Gottes Familie und seid sozusagen miteinander verwandt, selbst wenn ihr nicht im biologischen Sinne zusammengehört. Denn Gott hat euch alle adoptiert.

So eine Familie ist eine tolle Sache. Klar, manchmal gibt es Streit, aber meistens ist man doch froh, wenn man Geschwister hat, mit denen man etwas unternehmen kann. Denn die sind immer da. Ob Schulzeit oder Ferien, ob zu Hause oder im Urlaub, sie sind da, sie kennen einander und können etwas zusammen machen. Das geht sogar noch weiter, wenn man groß geworden ist. In vielen Familien ist es selbstverständlich, dass man einander hilft, wo es geht. Wenn einer krank ist, besuchen ihn die anderen. Wenn einer in Not kommt, dann helfen die anderen, wo sie können. Ob das nun beim Hausbau ist oder wenn einer arbeitslos wird, in guten Familien packt man mit an und greift sich gegenseitig unter die Arme. Eine große Familie ist deshalb wie ein großes Netz, das einen auffängt, wenn man herunterfällt.

Das geht natürlich nur, wenn wirklich jeder mit anpackt. Sowie einer sagt: „Die anderen können mir gestohlen bleiben!“, kann er auch nicht erwarten, dass sie ihm helfen, wenn er es braucht. Denn gebraucht wird jeder. Und jeder kann etwas dazu beitragen. Erinnerst du dich noch an das Bild vom Körper und seinen Körperteilen? Schau dich im Spiegel an, an dir ist nichts überflüssig. Oder möchtest du auf die Nase verzichten, weil du eh keine Brille zum Draufsetzen hast? Oder auf die Ohren, weil die Kopfhörer auch so halten? Brauchst du nur den rechten Arm, weil du Rechtshänder bist? Oder sollen die kleinen Finger verschwinden, weil du eh meist nur die ersten drei benutzt? Wohl kaum. Alles an dir ist wichtig. Und alles hat eine bestimmte Aufgabe, die nur von diesem Körperteil erfüllt werden kann.

So ist es auch mit dir. Du bist Teil einer großen Familie, eines großen Körpers. Die Bibel redet tatsächlich von der Familie Gottes, der Kirche, als von einem großen Körper. Das ist mehr als ein Bild. Alle Christen bilden zusammen den Leib oder Körper von Christus (1. Korinther 12,12). Das ist vielleicht ein komischer Vergleich. Aber er sagt viel aus. Nehmen wir einmal an, du fällst beim Sport hin und dir tut auf einmal der linke Fußknöchel furchtbar weh. Mühsam stehst du auf und merkst, dass du auf den linken Fuß kaum auftreten kannst. Was wird passieren? Dein rechter Fuß springt spontan ein und versucht, die Aufgabe des linken Fußes mit zu übernehmen. Du humpelst also vom Platz und trittst, wenn es geht, nur mit dem rechten Fuß auf. Wenn du dann zum Arzt gehst und der dir Krücken verschreibt, damit du gar nicht mehr mit dem linken Fuß auftreten musst, übernehmen auch noch die Arme einen Teil der Aufgaben des linken Fußes, so dass der gar nichts mehr zu machen braucht.

Und das geschieht alles ohne Murren und Motzen. Stell dir einfach einmal vor, wie das wäre, wenn es anders wäre. Da sagt gleich nach dem Aufstehen der rechte Fuß: „Immer ich. Der linke verdrückt sich mal wieder. Wer weiß, ob es ihm wirklich so schlecht geht, wie er tut!“ Und wenn du die Krücken in die Hände nimmst, schreien die Arme auf: „He, Moment mal, du willst doch wohl nicht etwa mit diesen Dingern laufen!? Das ist mit Sicherheit ein reiner Fuß-Job! Wir Arme wissen gar nicht, wie so etwas geht. Und wir sind dafür auch nicht gemacht. Schließlich bist du kein Affe!“

Im Körper ist das anders. Da läufst du lieber mit Krücken, bis du Muskelkater in den Armen hast, als dass du deinen schmerzenden Fuß belastest.

Es ist gut, dass es die anderen gibt

Aber das ist ja nur die eine Seite. Die andere gehört auch zu dem Körper dazu. Die Arme freuen sich ja, dass es die Beine gibt. Denn ohne sie wäre mit dem ganzen Körper viel weniger los. Die Beine tragen ihn schließlich an die verschiedensten Orte, wo die Arme allein sicher nicht hinkämen. So ist das auch mit den Kindern Gottes. Es geht nicht nur darum, dass wir einander helfen und beistehen, wo es nötig ist. Wir bringen einander auch weiter, als wir allein kommen würden.

So hörst du im Kindergottesdienst und im Jugendkreis von Jesus. Wenn du mit anderen Kindern Gottes redest, erfährst du noch mehr über ihn. Du kannst ihnen auch sagen, womit du Probleme hast, was dir schwer fällt zu glauben. Und sie werden dir helfen. Eine große Hilfe ist es zum Beispiel, wenn ihr füreinander betet. Auch wenn man nicht sofort merkt, was durch das Beten passiert, ist es doch etwas sehr Kraftvolles. Denn schließlich reden wir mit dem, der alles gemacht hat. Und wie in einer menschlichen Familie ist es auch bei Gott etwas Besonderes, wenn sich seine Kinder einig sind. Wenn *ein* Kind im Urlaub ans Meer fahren möchte, das *zweite* in die Berge und das *dritte* auf einen Reiterhof, dann entscheiden schließlich die Eltern. Aber wenn alle drei Kinder sagen: „Wir wollen ans Meer!“, dann können die Eltern nicht einfach so tun, als wäre nichts gewesen und trotzdem in die Berge fahren, erst recht nicht, wenn die Kinder immer wieder bitten. So ist das auch mit dem Gebet. Wenn wir füreinander beten, wenn wir uns in einer Sache wirklich einig geworden sind, dann bedeutet das etwas. Und dann wird Gott auf unser Gebet antworten.

Aber es geht ja nicht nur ums Gebet. Es gibt andere Dinge, die machen nur gemeinsam richtig Spaß. Singen zum Beispiel. Wenn wir Lieder darüber singen, wie groß und wunderbar Gott ist, dann klingt das allein ganz nett, aber auch ein bisschen dünn. Wenn man sie dagegen mit vielen anderen Menschen zusammen singt, dann ist das eine richtig tolle Sache.

Noch spannender wird die Kirche, wenn man darüber nachdenkt, was alles sein könnte und teilweise auch schon da ist. Denn die neue Familie Gottes besteht ja aus Menschen, die ganz zu Gott gehören. Und das kann man zumindest ansatzweise auch sehen. In der Kirche zeigt sich, wie die Welt sein könnte, wenn die Menschen sich nicht von Gott abgewandt hätten. Leider passieren auch hier noch viele Dinge, die nicht gut sind, aber insgesamt gehen die Menschen doch anders miteinander um. Denn wenn es nach Gott geht, dann haben Lügen, Betrügereien, Beschimpfungen und andere schlimme Dinge keinen Platz. Und die Gemeinde ist ein solcher Ort, wo es zumindest oft nach Gottes Willen geht.

Deshalb braucht man sich auch nicht zu wundern, dass Menschen die verrücktesten Sachen gemacht haben, wenn sie als

Gemeinde zusammenkamen. Die ersten Christen haben zum Beispiel ihren ganzen Besitz verkauft und das Geld zusammengetan. Davon haben dann alle gelebt (Apostelgeschichte 2,44-45). Keiner war arm und keiner reich. Und alle hatten genug Zeit, um sich umeinander zu kümmern und in den Gottesdienst zu gehen (Apostelgeschichte 2,46-47). Leider ging das jedoch nur einige Zeit gut, denn irgendwann war das Geld verbraucht. Und dann mussten die Christen wieder arbeiten gehen. Aber auch wenn daher andere Gemeinden anders mit dem Geld umgegangen sind, zeigt es doch, wie sehr Gottes Heiliger Geist Menschen verändert. Denn seinen Besitz gibt kaum einer einfach so weg.

Alle sind eins

Doch das ist noch nicht alles: Die Zeit, in der die Bibel entstanden ist, war in vielen Punkten anders als heute. Dort gab es zum Beispiel freie Bürger und Sklaven. Sklaven waren in den Augen der anderen keine vollwertigen Menschen, sondern eine Art Besitz, der zum Arbeiten da war. Streng unterschieden wurde auch zwischen den Männern und den Frauen. Richtige vollwertige Bürger waren nur die Männer, die Frauen hatten ihnen zu gehorchen. Ihr Wort galt längst nicht so viel wie das eines Mannes, vor Gericht durften sie deshalb nicht als Zeugen aussagen. Und schließlich gab es noch die Unterschiede zwischen den einzelnen Rassen und Völkern. Solche Vorurteile gibt es ja auch heute noch. In der damaligen Zeit war es ähnlich. Die Griechen zum Beispiel teilten die Welt ganz einfach ein: Da gab es die Griechen und die anderen. Für die anderen hatten sie ein abfälliges Wort, das du sicher auch schon einmal gehört hast: „Barbaren". Das bedeutet „Stotterer" und bezeichnete damals einen Menschen, der nicht gut griechisch sprechen konnte, also einen Ausländer.

Wie gesagt, solche Vorurteile gibt es auch heute noch, auch wenn wir uns nicht mehr trauen, sie so offen auszusprechen, wie das damals üblich war. Aber nun kommt das Spannende: In der Gemeinde waren alle gleich. So heißt es im Neuen Testament: „Denn durch den Glauben an Jesus Christus seid ihr nun alle zu Kindern Gottes geworden. Ihr gehört zu Christus, weil ihr auf seinen Namen getauft seid. Jetzt ist es nicht mehr wichtig, ob ihr Juden oder Griechen, Sklaven oder Freie, Männer oder Frauen seid: in Christus seid ihr alle eins" (Galater 3,26-28). Und danach haben die ersten Christen tatsächlich auch gelebt. So wissen wir, dass es bereits in frühester Zeit Bischöfe gab, die Sklaven waren. Im normalen Leben gehörten sie ihren Herren, aber in der Gemeinde leiteten sie dieselben Herren darin an, was es heißt, ein Kind Gottes zu sein. Und wir wissen auch, dass die Frauen in der Gemeinde so wertgeschätzt wurden, dass davor gewarnt werden musste, die übrige Welt könnte das falsch verstehen.

Wie ist das in deiner Gemeinde, da, wo du Gottesdienst feierst und dich mit anderen Christen triffst? Seid ihr offen für alle Menschen, solange sie Kinder Gottes sind, oder gibt es auch da Vorurteile? Würde sich jemand aus einem nicht so wohlhabenden Stadtteil oder aus einem fremden Land bei euch wohl fühlen? Oder seid ihr eher alle ähnlich? Das sind Fragen, über die du mal nachdenken kannst. Und wenn du merkst, dass deine Gemeinde nur für bestimmte Menschen einladend ist, dann überlege doch einmal, wie du da etwas dran ändern kannst. Wen könntest du zum Beispiel in die Kinderstunde oder den Jugendkreis einladen? Und wo hast du selber Vorurteile?

Gott hat überall seine Kinder

Wahrscheinlich gibt es da, wo du wohnst, noch mehr Christen. Doch gehen sicherlich nicht alle am Sonntag in dieselbe Kirche oder in dasselbe Gemeindehaus. Denn Gottes Kinder sind leider in manchen Dingen so uneinig, dass sie unterschiedliche Gottesdienste feiern und Gemeinden gegründet haben. Solche unterschiedlichen Kirchenformen nennt man Konfessionen. Die beiden größten kennst du sicher schon: es sind die evangelische und die katholische Kirche. Daneben gibt es aber auch noch viele kleinere, die Freikirchen genannt werden. Und auch innerhalb der großen evangelischen Kirche gibt es noch kleinere landeskirchliche Gemeinschaften. Wie du siehst, gibt es da einige zu entdecken. Denn so schade es ist, dass die Christen nicht alle zusammen Gottesdienst feiern können, so interessant ist es auch zu sehen, wie andere Christen das machen. Schau dich also ruhig einmal um in deinem Ort. Geh in die Gottesdienste anderer Gemeinden und frage hinterher die Leute nach den Dingen, die dir fremd vorkamen und die du nicht verstanden hast. Dabei kann man vieles entdecken. So wirst du sicher merken, dass sie an denselben Gott glauben wie du. Aber sie tun das oft auf eine etwas andere Weise. Und davon kann man viel lernen. Denn manchmal wirst du merken, dass dir zum Beispiel ein Gottesdienst bei den anderen besser gefällt als dein eigener.

Das ist übrigens gar nicht schlimm. Auch wenn sich die Christen in deinem Ort nicht in allem einig sind, arbeiten sie doch zusammen. Es gibt sicher auch bei euch einige Gottesdienste, Feiern oder Feste, die von verschiedenen Gemeinden zusammen durchgeführt werden. So etwas nennt man „Ökumene", das ist ein griechisches Wort, das mit dem Wort für „Haus" verwandt ist. Schließlich geht es um das gemeinsame Haus.

Wir alle wohnen als Kinder Gottes sozusagen unter einem Dach, aber in verschiedenen Zimmern. Sein Zimmer richtet jeder so ein, wie es ihm gefällt. Aber das Haus ist nur eins. Und das können wir auch feiern und anderen so zeigen.

Noch spannender wird es, wenn du dir einmal die Gemeinden ganz woanders anschaust. Wenn du zum Beispiel im Urlaub bist, geh doch einmal dort in die Kirche. Vielleicht wirst du nicht alles verstehen, was dort im Gottesdienst gesprochen und gesungen wird, aber es ist trotzdem interessant. Denn in anderen Ländern wird oft ganz anders Gottesdienst gefeiert. Die Musik ist anders, oft gibt es andere Bewegungen, manchmal wird sogar getanzt. Und wenn du dann hinterher mit den Leuten redest (falls du ihre Sprache einigermaßen sprechen kannst), dann wirst du entdecken, dass sie trotz aller Unterschiede an denselben Gott glauben wie du. Denn wir gehören alle zu einer Familie. Und das ist schließlich alles, was zählt.

Worüber Eltern und Kinder reden können

- Was freut dich an deiner Gemeinde? Was macht dir Spaß? Was macht dich traurig?
- Geht einmal gemeinsam in einen Gottesdienst, der anders ist als eurer. Was hat euch gefallen? Was habt ihr nicht verstanden?
- Betet gemeinsam für eure Gemeinde und die Kirche Gottes weltweit!

Texte, die man gemeinsam lesen kann

- Johannes 17,1-26 – Jesus betet für seine Kirche
- Apostelgeschichte 2,42-47 – Wie die ersten Christen ihren Glauben gelebt haben
- Epheser 2,19-22 – Eine neue Heimat
- Hebräer 11,1-12,3 – Das Volk Gottes ist größer als man denkt

Im Himmel geht es richtig los

Dieses Leben ist nicht alles

Wie du dich erinnerst, ist Jesus nicht tot geblieben. Er ist auferstanden und lebt nun bei Gott im Himmel. Und uns hat er das auch versprochen. Als einmal eine Frau zu ihm kam, die über den Tod ihres Bruders weinte, hat Jesus sie mit den Worten getröstet: „Ich bin die Auferstehung und ich bin das Leben. Wer an mich glaubt, der wird leben, selbst wenn er stirbt. Und wer lebt und an mich glaubt, der wird niemals sterben" (Johannes 11,25-26). Denen, die mit Jesus leben, kann also der Tod nichts anhaben. Der ist besiegt. Zwar werden wir alle sterben, aber wir werden danach wieder zum Leben auferstehen. Das wird aber nicht in der Welt sein, in der wir jetzt leben, sondern in einer neuen, die Gott machen wird. Diese neue Welt Gottes wird oft „Himmel" genannt.

Wenn man so an den Himmel denkt, macht man sich die verschiedensten Vorstellungen. Nach der Bibel ist es ein ganz wunderbarer Ort. Dort wird es nichts Böses mehr geben, und die Menschen werden nicht mehr gemein zueinander sein. Alle werden satt zu essen haben. Denn der Himmel wird so ähnlich sein, wie es ganz am Anfang der Garten Eden, das Paradies gewesen ist. Erinnerst du dich noch? Gott hat diese Welt so gemacht, dass er mit uns in ihr gut leben konnte. Aber wir haben das kaputtgemacht. Doch eines Tages wird Gott wieder alles so machen, wie es ganz am Anfang gewesen ist. Und das wird im Himmel sein.

Das Wichtigste am Himmel ist aber nicht, dass es dort allen gut gehen wird. Das Wichtigste ist, dass wir dort Gott sehen werden. In diesem Leben können wir zwar mit ihm reden, wir können beten, in der Bibel von ihm lesen, hören ihn manchmal sogar leise zu uns sprechen. Aber sehen können wir ihn nicht. Im Himmel wird das anders sein. Dann wird alles wieder so werden, wie es ganz zu Anfang der Welt gewesen ist. So wie die ersten Menschen mit Gott im Garten spazieren gehen konnten, so werden auch wir es können. Denn dann sind wir endlich richtig mit Gott zusammen.

Und nicht nur mit Gott. Auch untereinander werden die Freundschaften viel tiefer werden. Stell dir eine Welt vor, in der niemand lügt, keiner den anderen betrügt, in der man allen Menschen vollkommen vertrauen kann. So ist es im Himmel. Und das Schönste ist: Das Ganze hat kein Ende. Hier auf der Erde müssen wir immer wieder Abschied nehmen. Menschen, die wir lieb haben, ziehen weg oder sterben sogar. Im Himmel ist das anders. Dort wird niemand mehr sterben und keiner mehr traurig sein. Wir können also miteinander zusammen sein, ohne dass es jemals ein Ende haben wird.

Im Himmel gibt es auch einiges zu unternehmen. Denn der Himmel wird in vielem so ähnlich sein wie die Erde. Vielleicht hast du schon einmal irgendwelche Geschichten gehört, wonach die Menschen im Himmel auf Wolken sitzen und Harfe spielen. Das kannst du getrost vergessen. Denn wenn in der Bibel vom Himmel die Rede ist, dann wird er „eine neue Welt" genannt (Offenbarung 21,1). So wie in dieser Welt mit ihren Bergen und Seen, den Meeren, den Wäldern und Wiesen, so wird es auch im Himmel sein. Denn so war es von Anfang an gedacht, und im Himmel wird alles so sein wie am Anfang.

Weil es im Himmel so schön sein wird, viel schöner als alles, was du kennst, deshalb kannst du dich auf den Himmel freuen. Und mit dieser Freude bist du nicht allein. Im Gegenteil, nicht nur die Kinder Gottes freuen sich auf den Himmel, die ganze, von Gott gemachte Welt freut sich darauf. Der Apostel Paulus schreibt, dass die „ganze Schöpfung sehnsüchtig und voller Hoffnung auf den Tag wartet", an dem es eine neue Welt geben wird (Römer 8,19). Und er selbst konnte es auch kaum abwarten. So sagte er einmal: „Christus bedeutet für mich alles; er ist mein Leben. Deshalb kann das Sterben für mich nur Gewinn sein. Weil ich aber mehr für Christus erreichen kann, wenn ich am Leben bleibe, weiß ich nicht, was ich mir wünschen soll. Beides erscheint mir verlockend: Manchmal würde ich am liebsten schon jetzt sterben, um bei Christus zu sein. Gibt es etwas Besseres? Andererseits ist mir klar, dass ich ... noch eine wichtige Aufgabe zu erfüllen habe" (Philipper 1,21-24).

Der Himmel, ein ewiges Leben mit Gott, das ist also eine Hoffnung, die du dir nicht wegnehmen lassen solltest. Dieses Leben ist nicht alles. Danach geht es nicht nur weiter, sondern in vielem erst richtig los. Als Kinder Gottes wissen wir das. Und deshalb brauchen wir vor dem Tod und dem Sterben keine Angst zu haben. Für uns ist es der letzte Schritt, der uns ganz in Gottes Arme laufen lässt.

Der Himmel muss warten

Aber auch wenn die Hoffnung auf ein Leben mit Gott im Himmel so wichtig ist, dass Paulus uns für die „bedauernswertesten unter allen Menschen" hält, wenn wir sie nicht haben (1. Korinther 15,19), heißt das doch nicht, dass wir Christen Menschen sind, die sich vor allem auf den Tod freuen. So ist das nicht. Erinnerst du dich noch daran, was Paulus gesagt hat, als er sagte, dass er gern sterben und bei Jesus sein wolle? Er sagte, dass das nicht gehe, weil er hier noch eine Aufgabe zu erfüllen habe.

Und das gilt nicht nur für ihn, sondern auch für dich und mich. Gott hat uns nicht ohne Grund gemacht und Kontakt mit uns aufgenommen. Er möchte, dass wir in dieser Welt etwas von dem weitergeben, was er uns gegeben hat. Wir sollen anderen Menschen helfen, für sie da sein, ihnen von Gott erzählen und so leben, dass sie merken, wie lieb er sie hat. Denn diese Welt geht zwar kaputt, aber es gibt eine Hoffnung. Gott wird eine neue machen. Das sollen alle mitbekommen.

Neben dieser großen Aufgabe gibt es noch viele kleine. Sie haben alle damit zu tun, dass wir schon jetzt, wenn es irgendwie geht, so leben, als ob jetzt schon Gottes neue Welt da wäre. Weil es dort zum Beispiel keine Lügen und Gemeinheiten geben wird, sollen wir jetzt auch schon nicht lügen und gemein sein. Das ist gut für uns, weil wir dann Jesus immer ähnlicher werden, der auch nicht gelogen hat oder gemein war. Und es ist gut für die anderen. Denn dann können sie sich besser vorstellen, wie es bei Gott sein wird, wenn sie sehen, wie seine Kinder miteinander umgehen. Und vielleicht bekommen sie dann richtig Lust, auch dabei zu sein.

Der Himmel muss also warten. Wir können noch nicht gleich dorthin, sondern erst dann, wenn Gott uns ruft. Eines Tages werden wir unsere Aufgabe erfüllt haben, und dann wird er uns zu sich holen. Doch bis dahin haben wir genug zu tun. Denn es ist gar nicht leicht, so zu leben wie Jesus, um immer mehr so zu werden wie er. Dazu brauchen wir nicht nur Gottes Kraft, sondern müssen auch oft genug zurückstecken. Es ist immer einfach, das zu tun, was alle machen. Aber es ist nicht immer gut. Wenn alle in der Schule gemein zu einem Kind sind, ist es viel einfacher mitzumachen, als dem Kind zu helfen. Oder wenn alle meinen, das Wichtigste im Leben wäre viel Geld, weil man sich dann alles kaufen kann, was einem Spaß macht, ist es schwer, das anders zu sehen. Aber es ist nun einmal so: Jesus war nie reich, im Gegenteil. Und er ist ziemlich gemein behandelt worden, weil er den Menschen von Gott erzählt hat. Schließlich haben sie ihn sogar umgebracht.

Das alles muss uns nicht passieren, aber die Bibel ist da sehr offen: So etwas oder Ähnliches kann auch uns passieren. Und das sollten wir wissen und trotzdem nicht aufgeben. Denn wir haben eine Hoffnung, die die anderen nicht haben. Wir wissen, dass es nach dem Tod nicht nur weitergeht, sondern viel besser wird. Und wegen dieser Hoffnung können wir hier auf manches verzichten. Wenn ihr euch also keinen großen Urlaub leisten könnt, weil ihr nicht viel Geld habt und davon auch noch einiges denen gebt, die es nötiger haben, dann sei nicht traurig. Im Himmel hast du viel Zeit, und die Welt wird noch schöner sein. Weil du das weißt, kannst du jetzt ruhig sein, denn du musst nicht alles in diesem Leben gesehen haben.

Jesus kommt wieder

Bisher haben wir nur von uns geredet und davon, was mit uns geschieht, wenn wir sterben. Aber auch unsere Welt, die Gott gemacht hat, wird eines Tages ein Ende haben. Als Jesus zu seinem Vater in den Himmel gegangen ist, hat er seinen Freunden klargemacht, dass er irgendwann wiederkommen wird. So hat er ihnen gesagt: „Im Hause meines Vaters gibt es viele Wohnungen. Wenn es nicht so wäre, hätte ich euch nicht gesagt: Ich gehe hin, um dort alles für euch vorzubereiten. Und wenn alles bereitet ist, werde ich wiederkommen und euch zu mir holen. Dann werdet ihr auch dort sein, wo ich bin" (Johannes 14,2-3).

Wenn Jesus wiederkommt, wird er nicht nur uns zu sich holen, unsere Welt wird auch damit zu Ende sein. Denn seit Jesus hier gewesen ist, läuft sozusagen die Uhr der Welt langsam ab. Es ist alles geschehen, damit die Menschen wieder mit Gott zusammenkommen können. Nun müssen es nur noch alle erfahren. Und so ist es mit unserer Erde wie mit unserem Leben. Eines Tages, vielleicht plötzlich und unerwartet, ist es vorbei. Dann sagt Gott: „Jetzt ist die Aufgabe erfüllt." Jesus kommt wieder und eine ganz neue Welt bricht an.

Das letzte Gericht

Bevor die neue Welt kommen wird, gibt es allerdings noch eine Gerichtsverhandlung, die oft das „Jüngste Gericht" genannt wird. Erinnerst du dich noch an das Bild vom Gerichtssaal? Wenn nicht, dann lies es jetzt noch einmal nach, es steht im Kapitel „Was Jesus für uns getan hat". Jeder, der ein Kind Gottes geworden ist, ist ja schon einmal durch so etwas wie eine Gerichtsverhandlung gegangen. Wir alle haben zugegeben, dass wir Gottes Welt kaputtmachen, und fanden es gut, dass Jesus an unserer Stelle dafür bestraft worden ist. Nun gibt es aber Menschen, die das ganz anders sehen. Sie haben vielleicht von Jesus gehört, wollen aber von ihm nichts wissen. Vielleicht haben sie sich auch nie für Gott interessiert. Jedenfalls sagen sie: „Ich bin ganz in Ordnung, so wie ich bin. Ich brauche niemanden, der meine Strafe trägt, weil ich nichts falsch mache."

Wer so denkt, erkennt das Urteil nicht an, das am Kreuz von Jesus über ihn gesprochen wurde. Und so geht das Verfahren vor ein höheres Gericht, nämlich das am Ende der Zeiten. Hier wird alles, was ein Mensch gesagt, getan und gedacht hat, von Gott geprüft werden. Und dann wird er ein endgültiges Urteil sprechen, ein Urteil, das man nicht mehr anzweifeln kann. Dieses Urteil wird absolut gerecht sein, denn Gott kann viel genauer hinschauen, als das ein menschlicher Richter kann. Er weiß ganz genau, was im Herzen eines Menschen vor sich geht. Und deshalb wird er richtig entscheiden.

Und er muss auch entscheiden. Denn in Gottes neuer Welt soll es nicht mehr so zugehen wie in unserer. Wir sehen ja, wie unsere Welt darunter leidet, dass es Leute gibt, die lügen und betrügen, die gemein sind, andere sogar umbringen, Kriege anfangen und alle möglichen Verbrechen begehen. Alle, die so etwas getan haben, können in Gottes neue Welt kommen, allerdings nur unter zwei Bedingungen: Sie müssen das Urteil, das Gott über sie spricht, annehmen und bereit sein, sich zu ändern. In die neue Welt kommt nur, wer Jesus ähnlicher werden möchte. Alle, die lieber so bleiben, wie sie sind, haben darin keinen Platz, sonst wird es dem Himmel nicht besser ergehen als unserer Erde.

Auch wenn das traurig ist, ist es doch notwendig, dass Gott die Menschen trennt in die, die mit ihm leben wollen, und die, die es nicht wollen. Wer nicht mit Gott leben will, muss es nicht. Was mit diesen Menschen geschehen wird, darüber redet die Bibel nur in Bildern. Doch soviel ist klar: Verglichen mit einem Leben mit Gott wird es ihnen nicht besonders gut gehen. Das ist aber auch nur verständlich. Denn wer immer darauf beharrt, dass er Recht hat, wird auf Dauer ziemlich einsam werden – vor allem, wenn er es nur noch mit Menschen zu tun hat, die so sind wie er selbst.

Wie viele Menschen das sein werden, darüber sagt die Bibel

nichts. So können wir nur hoffen, beten und etwas dafür tun, dass möglichst alle erfahren, wie gut ein Leben mit Gott ist. Das ist unsere Aufgabe. Es ist die beste, die es gibt, auch wenn sie manchmal schwer ist. Und eines Tages wird sie erfüllt sein. Dann beginnt das, was eigentlich schon auf dieser Welt hätte sein können, wenn wir die Welt nicht kaputtmachen würden: Ein Leben mit Gott – und diesmal eins, das kein Ende hat.

Worüber Eltern und Kinder reden können

- Denkst du oft an den Himmel? Wie stellst du ihn dir vor?
- Freust du dich darauf, Gott zu sehen, oder hast du auch ein bisschen Angst?
- Was tust du, damit andere Menschen hier ein Stück vom Himmel erleben können?
- Betet gemeinsam für Menschen, die ihr kennt, die noch keine Kinder Gottes sind. Was könnt ihr tun, um ihnen zu helfen?

Texte, die man gemeinsam lesen kann

- 1. Korinther 15,20-49 – Die Auferstehung der Toten
- Offenbarung 21,1-22,5 – Wie es im Himmel sein wird
- Johannes 16,21-23 – Wie es sein wird, wenn Jesus wiederkommt
- Offenbarung 20,11-15 – Das letzte Gericht

Anhang für die Eltern: Wenn das Gespräch auf besondere Themen kommt

Wer sich mit anderen über den Glauben unterhält, kommt dabei immer auch auf Themen zu sprechen, die nicht unbedingt zentraler Bestandteil der christlichen Botschaft sind. Oft handelt es sich bei diesen Fragen aber um solche, die nicht aus der Luft gegriffen sind, sondern sich aus dem Evangelium fast zwangsläufig ergeben. Insofern ist es gut, wenn man sich über sie ein paar Gedanken gemacht hat. Im Folgenden sollen daher einige von ihnen in der Reihenfolge, wie sie bei der Lektüre dieses Buches vermutlich auftauchen, kurz angerissen werden, um ein paar Grundlinien für das eigene Nachdenken zu geben.

Was ist mit den anderen Religionen?

Im Gespräch mit Kindern kann die Frage auftauchen, wie das mit den anderen Religionen ist, in denen Jesus keine oder eine weniger wichtige Rolle spielt. Das passiert besonders dann, wenn die Kinder andere Religionen schon kennen gelernt haben, etwa weil es im Kindergarten oder in der Schule Freunde gibt, die einer anderen Religion angehören, oder weil das Thema im Religionsunterricht behandelt worden ist. Haben die anderen Religionen also auch etwas mit Gott zu tun?

Wenn das Gespräch auf diese oder eine ähnliche Frage kommt, ist zunächst einmal Klarheit angebracht. Das Neue Testament lehrt eindeutig, dass Jesus „der Weg, die Wahrheit und das Leben“ ist. Und er sagt selbst: „Ohne mich kann niemand zum Vater kommen“ (Johannes 14,6). Der Weg zu Gott führt also ausschließlich über Jesus. Das hat nichts mit einem

„Absolutheitsanspruch des Christentums“ oder seiner „Intoleranz“ zu tun, wie manchmal gesagt wird, sondern ist eine logische Folge aus der neutestamentlichen Erlösungslehre. Wenn Menschen nicht durch ihre eigenen religiösen oder sonstigen Leistungen (im Neuen Testament oft „Werke“ genannt) mit Gott versöhnt werden, sondern nur durch das von Jesus am Kreuz gebrachte Opfer, dann führt zu Gott kein Weg an Jesus vorbei. Ansonsten müsste man anerkennen, dass es eben doch die Möglichkeit gibt, durch eigene religiöse Taten gerettet zu werden.

So klar und eindeutig das Neue Testament in dieser Frage ist (und wir es auch sein sollten), so sehr muss man sich davor hüten, hier den Bogen zu überspannen. Jesus sagt von *sich selbst*, dass er der Weg ist, er sagt es nicht vom Christentum in seiner heute praktizierten Form. Damit will ich nicht behaupten, dass sich das Christentum von Jesus entfernt hat, aber es ist doch wichtig, hier genau hinzuschauen. Denn nicht alles, was sich christlich nennt, entspricht der Lehre Jesu. Umgekehrt muss nicht alles unwahr sein, nur weil es nicht christlich ist. Insofern ist es nicht nur wenig hilfreich, sondern sogar falsch, wenn man alle nichtchristlichen Religionen pauschal als Irrtümer bezeichnet oder (noch schlimmer) verteufelt. Auch in ihnen gibt es Wahrheiten, richtige Erkenntnisse, vorbildhafte gelebte Frömmigkeit. Das macht sie noch nicht zu einem gangbaren Weg zu Gott. Aber es öffnet doch die Tür für ein gegenseitiges Verständnis. Und warum sollte man nicht hier und da auch etwas voneinander lernen können, schließlich gibt es gerade im Bereich dessen, was man Spiritualität nennt, viele Gemeinsamkeiten zwischen den Religionen (aber auch viele Unterschiede). Wie man daran anknüpft, hat uns nicht zuletzt der Apostel Paulus in Apostelgeschichte 17 ab Vers 22 vorgemacht.

Im Gespräch mit den Kindern muss man daher beides im Blick haben: Einerseits geht es um die Klarheit. Jesus ist nicht einer von vielen Religionsstiftern, das Christentum nicht eine von vielen Möglichkeiten, sondern in Jesus ist Gott Mensch geworden. Andererseits sind aber trotzdem Offenheit und Toleranz gefragt. Auch den Angehörigen anderer Religionen muss ich unterstellen, dass sie zumindest genauso ehrlich auf der Suche nach der Wahrheit sind wie ich selbst. Die Beschäftigung mit anderen Religionen ist also keine Zeitverschwendung, ebenso wenig wie das Gespräch mit ihren Angehörigen nur Mission ist. Denn oft genug entdecken wir Gemeinsames, das uns von Menschen unterscheidet, die Religion als Ganzes ablehnen. Allerdings „wollen“ deshalb noch nicht „alle Religionen im Grunde genommen das Gleiche“, wie manchmal behauptet wird. Es bleibt dabei: „Das Fundament, das bei euch gelegt wurde, ist Christus. Niemand kann ein anderes oder gar besseres Fundament legen“ (1. Korinther 3,11). An dieser Wahrheit führt kein Weg vorbei, schon gar nicht zu Gott.

Ist die Welt durch Schöpfung oder Evolution entstanden?
Spätestens wenn das Thema im Biologieunterricht behandelt wird, taucht die Frage nach Schöpfung und Evolution auf. Ist es nun so, wie die Bibel es sagt, dass Weltall und Erde innerhalb von sieben Tagen von Gott geschaffen wurden? Oder ist das Leben auf der Erde im Lauf von Jahrmillionen zufällig durch Evolution entstanden?

Um es gleich vorweg zu sagen: Unter den Christen gibt es auf diese Frage keine einheitliche Antwort. Das hat damit zu tun, dass die Alternativen nicht so klar und eindeutig sind, wie sie sich anhören. Beginnen wir mit der Evolutionstheorie.

Hierbei muss man zwischen der „Mikro-“ und der „Makro-Evolution“ unterscheiden. Die „Mikro-Evolution“ befasst sich mit der Veränderung bei einzelnen Lebewesen. Hiernach haben im allgemeinen Überlebenskampf die Lebensformen einen Vorteil, die etwas besser an ihre Umwelt angepasst sind als andere. Sie vermehren sich folglich stärker und geben damit ihre Merkmale weiter. Andere werden verdrängt oder sterben sogar aus. Diesen Vorgang nennt man natürliche Auslese.

Bei der „Makro-Evolution“ wird aus diesen Erkenntnissen eine Theorie zur Entstehung des Lebens auf der Erde abgeleitet. Danach hat sich alles heute bestehende Leben aus einer Urform entwickelt. Insekten, Vögel, Fische und Menschen, also alle, stammen von denselben Stammeltern ab, haben sich jedoch im Lauf von Jahrmillionen zu verschiedenen Lebensformen entwickelt. Und genau da liegt das Problem. Denn während die „Mikro-Evolution“ Beobachtungen aus der Biologie entspricht, die in begrenztem Umfang jeder Kleingärtner nachvollziehen kann, lässt sich die „Makro-Evolution“ durch Beobachtungen nicht belegen, dafür sind die Zeiträume zu groß. Damit befinden wir uns mit der „Makro-Evolution“ jedoch im Bereich der Spekulation. Denn wie die Erde entstanden ist, kann keiner sagen. Hierfür gibt es genauso wenig Zeugen wie für die Entstehung des Lebens. Wir sind daher in beiden Bereichen auf Vermutungen angewiesen. Und Vermutungen hängen nun einmal stark davon ab, auf welchen Grundannahmen sie beruhen. Die Evolutionstheorie baut – wie alle modernen Naturwissenschaften – unter anderem auf zwei Grundüberzeugungen auf: Zum einen war die Welt, was den Bereich der so genannten Naturgesetze angeht, schon immer so wie heute. Und zum Zweiten muss eine Theorie, um als wissenschaftlich zu gelten, ohne die Annahme „weltanschaulicher Faktoren", wie zum Beispiel Gott auskommen.

Das bedeutet im Klartext, dass eine Theorie, die von Gott als Schöpfer ausgeht, in diesem Sinne niemals wissenschaftlich sein kann. Das heißt nicht, dass ihre Vertreter nicht ordentlich gearbeitet haben, es heißt schlichtweg, dass sie von einer Annahme (in diesem Fall Gott) ausgehen, die nicht überall im wissenschaftlichen Bereich nachvollzogen und auch nicht bewiesen werden kann. Das wäre jedoch eine entscheidende Voraussetzung, um als wissenschaftlich zu gelten.

Betrachten wir nun die biblische Schöpfungsgeschichte, dann tut sich ein weiterer Problembereich auf. Bei ihr handelt es sich um Texte, die rund dreitausend Jahre alt sind und in einem ganz anderen kulturellen Kontext verfasst wurden als unsere heutige Welt. Man kann sie also nicht einfach neben die Evolutionstheorie stellen, um sie als Gegenentwurf zu präsentieren oder im Gegenteil als „primitiv" abzuqualifizieren. Beides wird den Texten nicht gerecht. Man muss sie vielmehr auslegen.

Das bedeutet zunächst einmal, dass ich die Schöpfungsgeschichte nicht als Bericht im engeren Sinne verstehen kann, weil es keine Zeugen gibt, die etwas berichten. Es handelt sich vielmehr um eine Offenbarung Gottes, der Mose oder wem auch immer gezeigt hat, wie die Erde entstanden ist. Solche Offenbarungen oder Prophetien unterliegen jedoch anderen Regeln als Berichte. Hier steht nicht das Geschehene, sondern dessen Bedeutung im Vordergrund. Das heißt nicht, dass das dort Erzählte historisch gesehen falsch sein muss, aber es ist oft symbolisch oder bildhaft zu verstehen. Und so gibt 1. Mose 1 und 2 in ähnlicher Weise einen Blick auf den Anfang der Welt, wie es die Offenbarung auf ihr Ende tut. Beide Male kann man die Sach- und die Bildebene nicht ohne weiteres trennen.

Wenn ich das bedenke, ist es durchaus möglich, auf die Frage nach Schöpfung oder Evolution eine Antwort zu geben, die dem Problem gerecht wird. So kann man die Evolutionstheorie in dem Bereich bejahen, wo sie auf Beobachtungen beruht, man muss sie aber da kritisieren, wo sie ein Weltbild aufstellt, das durch Beobachtungen nicht gedeckt wird, sondern nur auf der Weltanschauung ihrer Vertreter aufbaut. Besonders kritisch ist hierbei sicher die Annahme zu sehen, dass die Welt schon immer so war, wie sie heute ist. Denn das verleugnet die von der Bibel behauptete Realität des Sündenfalls, der nicht nur die Beziehung von Gott und Mensch, sondern die ganze Umwelt verändert hat. Ob es einen Sündenfall gegeben hat oder nicht, bleibt Gegenstand des Glaubens. Durch Ausgrabungen werde ich seine Existenz weder beweisen noch widerlegen können.

Neben dieser Kritik an der Evolutionstheorie sollten natürlich die theologischen Linien der Schöpfungsgeschichte herausgestrichen werden. Gott hat die Welt geschaffen, sie ist also nicht zufällig entstanden, sondern Teil von Gottes Plan. Gott ist also nicht Teil dieser Welt, sondern steht ihr gegenüber. Die Welt ist immer von ihm abhängig, er bestimmte ihren Anfang und wird ihr auch ein Ende setzen. Und so weiter. So sehr wir uns auch bemühen sollten, unseren Glauben intellektuell redlich zu gestalten, sollten wir auch bedenken, was denn die eigentlich entscheidende Aussage der Schöpfungsgeschichte ist. Hier geht es nicht um die Frage, ob die Welt in sieben Tagen geschaffen wurde oder ob die Pflanzen älter sind als die Fische. Hauptaussage ist vielmehr, dass Gott alles gemacht hat. Und das sollten wir auch unseren Kindern beibringen.

Gibt es eine unvergebbare Sünde?

Beim Lesen des Neuen Testaments stößt man irgendwann auf folgenden Ausspruch Jesu: „Jede Sünde, ja sogar Gotteslästerung, kann vergeben werden. Wer aber gegen den Heiligen Geist lästert, der wird keine Vergebung finden. Wer dem Sohn Gottes widerspricht, dem kann vergeben werden. Wer aber bewusst gegen den Geist Gottes redet, der wird niemals und nirgendwo Vergebung finden" (Matthäus 12,31-32). Was die Übersetzer der „Hoffnung für alle" durch das Einfügen des Wortes „bewusst" zu entschärfen versucht haben, macht nicht wenigen Christen Probleme. Vielleicht ist man ein eher empfindsames Gemüt, vielleicht hat man das Gefühl, im Gebet nicht weiterzukommen, irgendwann stellt sich einem die Frage: Habe ich die Sünde gegen den Heiligen Geist begangen?

Hier, wie bei allen Texten der Bibel, ist es wichtig, den Ausspruch im Zusammenhang zu betrachten. Jesus hatte kurz zuvor zum wiederholten Mal einen Dämon ausgetrieben. Damit zeigte er, dass er über eine Kraft verfügte, die alles sonst Bekannte überstieg. Es gab zwar in der Antike auch noch andere, die Dämonen austrieben, allerdings geschah das in der Regel nicht so schnell und durch ein Machtwort wie bei Jesus. Die Umstehenden reagieren auf diesen Machtbeweis entsprechend: Sie fragen sich, ob Jesus der von Gott verheißene Retter sei.

Das ruft die Gegner Jesu auf den Plan. Sie erklären sich die offensichtliche Macht Jesu dadurch, dass er mit dem Teufel im Bunde stehe: „Er treibt die Dämonen aus, weil ihm Satan, der Oberste aller Dämonen, die Macht dazu gibt" (Matthäus 12,24). Als Reaktion auf diese Unterstellung spricht Jesus von der Sünde gegen den Heiligen Geist.

Es geht also um die Frage, welche Macht in Jesus wirksam ist. Ist es der Heilige Geist bzw. die Macht Gottes, oder ist es der Teufel und damit die Macht der Finsternis? Wenn man sich das vor Augen hält, dann wird klar, warum die Sünde gegen den Heiligen Geist unvergebbar ist. Wer die Macht, die in Jesus wirksam ist, verteufelt, der kann nicht gerettet werden, weil es Rettung nur durch Jesus gibt. Und hierbei geht es ja nicht um eine zufällige Gedankenlosigkeit. Die Gegner von Jesus wussten sehr genau, wen sie vor sich hatten. Sie hatten ein ums andere Mal erlebt, wie Jesus Dinge tat, die eigentlich nur Gott tun konnte. Deshalb müssen sie ja auch anerkennen, dass in Jesus übernatürliche Kräfte am Werk sind. Er ist nicht einfach nur ein Scharlatan, sondern mehr als ein Mensch. Das offen anzuerkennen und mit Gott in Verbindung zu bringen, hätte jedoch bedeutet, dass die Gegner Jesu ihre Theologie und damit auch ihr Leben hätten ändern müssen. Dazu waren sie nicht bereit. Stattdessen verteufelten sie Jesus und mit ihm den Heiligen Geist, der in ihm wirksam ist.

Die Einfügung des Wortes „bewusst“ durch die Übersetzer der „Hoffnung für alle“ macht deshalb Sinn. Die Sünde gegen den Heiligen Geist begeht man nicht zufällig und auch nicht gelegentlich. Es handelt sich vielmehr um ein Lebenskonzept, das Jesus und den in ihm wirksamen Geist verteufelt und bekämpft. Insofern brauchen Christen keine Angst zu haben, die Sünde gegen den Heiligen Geist zu begehen. Selbst dann, wenn sie sich vor ihrer Bekehrung der biblischen Botschaft gegenüber ablehnend verhalten haben oder Jesus gar verteufelt haben, wäre diese Sünde mit der Bekehrung vergeben. Denn Jesus spricht ja hier eine Warnung aus: Nur wer in der Sünde gegen den Heiligen Geist verharrt, wird keine Vergebung finden.

Warum mussten im Alten Testament so viele Tiere geopfert werden?

Eine Frage, die nach meiner Erfahrung Kinder immer wieder beschäftigt, ist die nach den Opfervorschriften des Alten Testaments. Gerade an dieser Stelle stößt auch manchen Erwachsenen die Bibel als besonders grausam auf, verlangt sie doch, dass jeden Tag unzählige Tiere geopfert werden.

Das hat sicher damit zu tun, dass wir heute in einer Welt leben, die Tiere im Wesentlichen als Schoßtiere wahrnimmt. Der Hund oder die Katze gehört sozusagen zur Familie, selbst das Kaninchen im Stall wird eher als eine Art größeres Meerschweinchen angesehen denn als Nahrungsmittel. Das bedeutet freilich nicht, dass wir uns aus Mitleid mit den Tieren vegetarisch ernähren würden. Fleisch kaufen wir vielmehr abgepackt aus dem Tiefkühlregal. Und damit ist die Verbindung zwischen Fleischgenuss und Tod nur noch für „Eingeweihte" erkennbar.

Auf einem Bauernhof ist das natürlich anders, ebenso in einer nomadisch und später agrarisch strukturierten Gesellschaft wie dem alten Israel. Hier wäre niemand auf den Gedanken gekommen, eine sentimentale Verbindung zu den Tieren zu entwickeln, Schafe, Ziegen und Rinder waren im wahrsten Sinne des Wortes Nutztiere, deren Arbeitskraft man brauchte bzw. die man wegen Fleisch, Milch und Wolle hielt.

Wenn man sich das vor Augen hält – und gleichzeitig bedenkt, dass es heute noch genauso ist, dank Arbeitsteilung für uns aber in der Regel nicht mehr so wahrgenommen wird –, entschärft sich die Problematik der Opfer um einiges. Hinzu kommt, dass das Alte Testament (im Gegensatz zu den meisten Christen) auch andere Opfer als die Sünd- und Schuldopfer kennt. Das Heils- und Schlachtopfer etwa wird (genauso wie das unblutige Speiseopfer, 3. Mose 2,16) zum großen Teil von den Opfernden verzehrt (3. Mose 3,1-17; 7,11-21.28-36). Beim Sünd- (3. Mose 4,1-5,13; 6,17-23) und beim Schuldopfer (3. Mose 5,14-6,7; 7,1-10) geschieht das Gleiche nur durch die Priester. Nur das Brand- oder Ganzopfer (3. Mose 1,3-17; 6,8-13) wird komplett verbrannt.

So betrachtet, geschieht im Alten Testament bei den Opfern etwas Ähnliches wie im Neuen Testament beim Abendmahl: Grundnahrungsmittel werden in einen heiligen Zusammenhang gestellt. Das Ganze hat zudem ein pädagogisches Ziel. Dem Volk Israel soll klar werden, dass sie nur leben können, wenn ein anderer stirbt. Im Zusammenhang mit Sünde und Schuld wird diese Beziehung sogar noch verstärkt. Denn hier wird deutlich, dass die Trennung von Gott den Tod bedeutet und deshalb nur durch Blut wieder aufgehoben werden kann. Die Opfer waren damit ein Zeichen, das auf Christus hinweist, der am Kreuz das vollkommene Opfer bringen würde. So interpretiert es der Brief an die Hebräer (Hebräer 10,1-4), und so sollten wir es auch unseren Kindern weitergeben.

Das Alte Testament ist außerdem nicht grausamer als das Neue, weil es im Neuen scheinbar keine Opfer mehr gibt. Es zeigt uns vielmehr den, der mit seinem eigenen Leib das vollkommene Opfer gebracht hat, weswegen die Tieropfer unnötig geworden sind. Doch der Zusammenhang von Sünde und Tod wird im Neuen Testament genauso unterstrichen wie der zwischen meinem Leben und dem stellvertretenden Tod eines anderen (zum Beispiel in Hebräer 10,11-14).

Wie kann Jesus Gott sein, wo er doch Gottes Sohn ist? Nicht nur Angehörige klassischer Sekten wie der „Zeugen Jehovahs" weisen daraufhin, dass Jesus im Neuen Testament nicht als Gott, sondern als „Sohn Gottes" bezeichnet werde. Damit könne er nicht Gott selbst sein, weswegen die Lehre von der Dreieinigkeit abzulehnen sei.

Doch so einfach ist es nicht. Zum einen wird Jesus im Neuen Testament tatsächlich „Gott" genannt. Das geschieht an einigen Stellen ganz ausdrücklich (so in Johannes 1,1.18; 20,28; Römer 9,5; Hebräer 1,8), viel öfter aber indirekt. Deutlich wird das vor allem beim Gebrauch des Wortes „Herr" für Jesus. Zwar war „Herr" auch schon zur Zeit des Neuen Testaments eine Anredeform (etwa in Matthäus 13,27). Im religiösen Bereich war „Herr" jedoch eine Bezeichnung für den Gott Israels, dessen Name, der mit den hebräischen Buchstaben JHWH wiedergeben wird, aus Furcht vor einer Übertretung des dritten Gebots (2. Mose 20,7) nicht mehr ausgesprochen wurde. Stattdessen benutzte man (wie unsere Bibelübersetzungen in der Regel auch) das Wort „Herr". Wenn das Neue Testament daher von Jesus als dem Herrn redet (wie in Lukas 2,11 oder 1. Korinther 12,3), wird er ebenso mit Gott identifiziert, wie wenn alttestamentliche Texte über Gott auf ihn übertragen werden (zum Beispiel in Hebräer 1,10-12). Daran, dass Jesus nach dem Neuen Testament Gott ist, dürfte also kein Zweifel bestehen.

Wie kann er aber Gott und gleichzeitig Gottes Sohn sein? Die Frage erübrigt sich in dem Augenblick, in dem man „Gott" nicht als Eigennamen, sondern als eine Art „Gattungsbegriff" betrachtet. Ich bin Mensch und gleichzeitig ein Menschensohn. Der Ausdruck „Sohn" bezeichnet schlichtweg die Herkunft. Und das muss nicht ausschließlich biologisch zu verstehen sein.

Wir reden von einem „Glückskind“ oder einem „Sohn des Wahnsinns“ und beschreiben damit, wo einer herkommt, ohne dass damit eine biologische Beziehung ausgedrückt wäre. So verhält es sich auch im Neuen Testament mit dem Sohn Gottes. Jesus ist nicht nur Menschensohn, sondern – und vor allem – Gottessohn. Der Titel „Gottessohn“ soll also Jesus nicht von Gott, sondern gerade von den Menschen unterscheiden. Denn er beschreibt seine eigentliche Herkunft.

Wie kann man die Dreieinigkeit erklären?

Eng verbunden mit der Frage, ob Jesus Gott ist, ist das Geheimnis der Dreieinigkeit. Der Begriff selbst taucht nicht in der Bibel auf, ebenso wenig wie seine lateinische Form „Trinität“. Die Lehre von der Dreieinigkeit entspricht jedoch biblischen Beobachtungen. Besonders das Neue Testament, an manchen Stellen aber auch das Alte, spricht sehr deutlich davon, dass Vater, Sohn und Heiliger Geist Gott sind. Wer das vom Vater und vom Sohn glaubt, muss auch erkennen, dass der Heilige Geist mit ihnen in eine Reihe gestellt wird. Das geschieht vor allem in den so genannten trinitarischen Formulierungen des Neuen Testaments, etwa wenn Jesus befiehlt, „im Namen des Vaters, des Sohnes und des Heiligen Geistes“ zu taufen (Matthäus 28,19) oder Paulus von der „Gnade unseres Herrn Jesus Christus, der Liebe Gottes und der Gemeinschaft des Heiligen Geistes“ spricht (2. Korinther 13,13).

Genauso deutlich, wie sie die Gottheit von Vater, Sohn und Heiligem Geist aussagt, redet die Bibel allerdings auch davon, dass es nur einen Gott gibt. „Gott ist einer“ ist sowohl die Grundüberzeugung des Alten (5. Mose 6,4) wie des Neuen Testaments (Römer 3,30). Jede Form des Glaubens an mehrere Götter wird folglich strikt abgelehnt (Jesaja 45,5-6; 1. Korinther 8,4-6).

Aus diesen Beobachtungen entwickelte sich in der frühen Kirche die Lehre von der Dreieinigkeit. Sie besagt, dass Vater, Sohn und Heiliger Geist jeweils ganz Gott sind, dass es allerdings nur einen Gott gibt. Man spricht daher von einem Gott in drei Personen. Hierbei handelt es sich im wahrsten Sinne des Wortes um ein Geheimnis des Glaubens, denn die Dreieinigkeit lässt sich mit dem Verstand nicht wirklich erfassen. Gott selbst hat uns allerdings einige Hinweise gegeben. Zum einen redet er vom Menschen als seinem Ebenbild und spricht dabei nicht nur ausdrücklich von Mann und Frau, sondern auch von sich in der Mehrzahl (1. Mose 1,26-27). Offensichtlich ist also die Ehe ein (wenn auch durch unsere Sünde sehr unvollkommenes) Abbild der Dreieinigkeit Gottes, wie sich auch noch an anderer Stelle zeigt (1. Mose 2,24). Ein ähnliches Bild zeigt sich auch in dem Gebet Jesu, der die Gemeinschaft zwischen den Christen mit der Gemeinschaft zwischen Vater und Sohn vergleicht (Johannes 17,20-23).

Wenn wir also unseren Kindern von der Dreieinigkeit erzählen, sollten wir dies mit Bildern von der Gemeinschaft tun, denn das ist die Vorgehensweise der Bibel. Nicht geeignet sind alle Vergleiche, die diesen Gedanken völlig außer Acht lassen. Das geschieht zum Beispiel, wenn die Dreieinigkeit als unterschiedliche Daseinsformen derselben Sache oder Person erklärt wird (Wasserdampf/ Wasser/ Eis bzw. ein Mann ist gleichzeitig Vater, Ehemann und Arbeiter). Solche Modelle entsprechen nicht den biblischen Aussagen, wonach der Sohn zum Vater betet (Johannes 11,41), der Vater den Sohn sendet (Johannes 3,17) und dieser den Heiligen Geist ausgießt (Johannes 20,22). Insofern muss auch bei uns deutlich werden, dass es sich bei Vater, Sohn und Heiligem Geist nicht um unterschiedliche „Masken“ derselben Person handelt, sondern um drei Personen, die so eins sind, dass man sie nicht auseinander halten kann. Das kann gleichzeitig auch eine Hilfe sein, den Grundgedanken der Bibel besser zu erkennen: Es geht um Gemeinschaft, nicht nur zwischen mir und Gott, sondern auch zwischen Menschen. Und das Vorbild und Urbild dieser Gemeinschaft ist die Dreieinigkeit.

Erwählt Gott?

Die Frage nach der Erwählung durch Gott (in der klassischen Dogmatik „Prädestination“ genannt) gehört sicher zu den „heißesten Eisen“, die man in der Glaubenslehre anfassen kann. Das ist insofern interessant, als es über lange Jahrhunderte Allgemeingut der Christenheit war, dass Gott erwählt. Nicht nur das Neue Testament lässt das an vielen Stellen durchscheinen (zum Beispiel in Johannes 15,16.19 oder in Römer 8,29-30), auch Kirchenväter wie Augustin († 430) sowie alle Reformatoren haben das geglaubt und gepredigt. Sieht man einmal von der römisch-katholischen Dogmatik ab, die zur Zeit der Gegenreformation die Erwählungslehre als „protestantisch“ verworfen hat, wurden erst in neuerer Zeit kritische Stimmen laut. Sie betonen, dass Gott alle Menschen liebe und retten wolle. Wenn daher nicht alle Christen würden, liege das nicht an der Erwählung Gottes, sondern daran, dass die Menschen in ihrer Freiheit das ablehnten, was Gott für sie vorgesehen habe.

So schön das klingt, ist es doch nur die halbe Wahrheit. Hatte etwa Paulus eine Chance, sich anders zu entscheiden, als Jesus ihm vor Damaskus erschien (Apostelgeschichte 9,1-9)? Und wenn ja, warum betreibt Gott nicht bei jedem Menschen einen solchen Aufwand? Wie man es auch drehen und wenden mag, es bleibt dabei, dass Gott Einzelnen in ganz besonderer Weise nachgeht, während er sich um andere (scheinbar!) wesentlich weniger kümmert. Warum das so ist, ist eine der großen Fragen, die nur Gott selbst beantworten kann.

Auf den ersten Blick mag das unbefriedigend klingen. Aber das Konzept, wonach Gott das Heil anbietet und der Mensch entscheidet, ob er es annehmen möchte oder nicht, hat noch größere Schwächen. Besonders problematisch ist dabei, dass es dann letztlich doch nicht allein an Gott liegt, ob einer gerettet wird oder nicht. Wenn das aber so wäre, dann würde der Mensch einen (wenn auch sehr kleinen) Beitrag zu seinem Heil leisten. Und das passierte nicht nur beim Christwerden, sondern auch dann, wenn man schon Christ ist. Denn wer sich für sein Heil entscheiden muss, kann es später auch wieder ablehnen.

Gerade an dieser Stelle setzt jedoch die biblische Erwählungslehre an. Sie soll vor allem die Heilsgewissheit stärken: „Denn da bin ich ganz sicher: Weder Tod noch Leben, weder Engel noch Dämonen, weder Gegenwärtiges noch Zukünftiges, weder Himmel noch Hölle oder sonst irgendetwas können uns von der Liebe Gottes trennen, die er uns in Jesus Christus, unserem Herrn, bewiesen hat“ (Römer 8,38). Mit der Erwählung sagt Gott wie ein Vater zu seinem Kind: „Was immer auch passieren mag, ich stehe zu dir, denn du bist und bleibst mein Kind.“

Wenn Gott also Paulus erwählt, um ihn als Werkzeug zu gebrauchen, sagt das nichts über die anderen aus. Und wenn Jesus am Teich Bethesda einen Kranken heilt (Johannes 5,1-9), bedeutet das nicht, dass ihm die anderen Kranken egal waren. Das Bild von der Adoption drückt deshalb am besten aus, worum es in der Erwählung geht: Gott ruft mich und macht mich zu seinem Kind. Hierbei handelt es sich um kein allgemeines Angebot, sondern um eine persönliche Beziehung. Diese Beziehung ist unauflöslich, weil Gott sie geschlossen hat. Auch wenn ich untreu werde, ist er dennoch treu (2. Timotheus 2,13). Es hängt eben nicht an meinem Glauben (auf den ich in Krisenzeiten unter Umständen nichts geben kann) oder meinen frommen „Leistungen", sondern allein an Gottes Erwählen und Tragen.

Das menschliche Tun ist dabei nicht ausgeschlossen. So sehr das Neue Testament die Erwählung durch Gott betont, so sehr weist es auch darauf hin, dass Christsein etwas ist, was man nicht passiv erleidet, sondern aktiv gestalten muss. Jesus, der die Jünger in seine Nachfolge rief, fordert gleichzeitig alle Menschen auf: „Kehrt um zu Gott und nehmt seine Heilsbotschaft im Glauben an!" (Markus 1,15). Und Paulus, der die Erwählungslehre untermauert wie kein anderer (Römer 8-11), war gleichzeitig der größte Missionar der ersten Christenheit. Deshalb sollte man sich hüten, Erwählung und Mission gegeneinander auszuspielen. „Der Glaube kommt allein aus dem Hören der Botschaft" (Römer 10,17), sie zu verkündigen sind wir von Jesus her verpflichtet (Matthäus 28,19-20). Für den Glauben gilt daher beides: „Schaffet, dass ihr selig werdet, mit Furcht und Zittern. Denn Gott ist's, der in euch wirkt beides, das Wollen und das Vollbringen, nach seinem Wohlgefallen" (Philipper 2,12-13 nach der Lutherübersetzung).

Wie immer man also göttliches Handeln und menschliches Tun verbinden möchte, es muss immer deutlich werden, dass Gott ruft und vollbringt und der Mensch darauf nur antwortet. Die Initiative ist immer bei Gott, nicht nur beim Christwerden. Weil Gott mit einem Menschen eine persönlich gestaltete unauflösliche Beziehung eingeht, kann einen das in

Krisenzeiten stärken – gerade auch dann, wenn die eigenen Kinder nach einem „christlichen Start“ auf einmal ganz andere Wege gehen wollen.

Sollen Kinder oder Erwachsene getauft werden?

Die Frage nach Kinder- oder Erwachsenentaufe ist in der Christenheit heiß umstritten, insofern werden auch unsere Kinder das Thema irgendwann ansprechen. Wenn wir dabei dafür offen bleiben wollen, dass auch eine andere Taufpraxis als die der eigenen Gemeinde aus dem Neuen Testament abgeleitet sein könnte, müssen wir die Argumente beider Seiten verstehen.

Während des Neuen Testaments wurden in der Regel nur Erwachsene getauft. Zwar wollen einige aus dem Tatbestand, dass manchmal ganze „Häuser“ getauft wurden (Apostelgeschichte 16,34; 18,8), herauslesen, dass auch Kinder dabei waren, allerdings ist diese Argumentation eher dünn. Zum einen sagt die Tatsache, dass eine Praxis in der Bibel erwähnt wird, noch nichts darüber aus, ob sie auch dogmatisch richtig ist (sonst dürften wir uns auch für die Toten taufen lassen, denn das wird in 1. Korinther 15,29 erwähnt). Zum anderen kann man kaum erwarten, dass es in neutestamentlicher Zeit viele Kindertaufen gegeben hat. Schließlich war das eine Missionssituation, in der nahezu ausschließlich Erwachsene vom Evangelium angesprochen wurden. Die Frage, ob man auch Kinder taufen soll, stellt sich jedoch erst in der zweiten Generation, nämlich dann, wenn christliche Eltern Kinder bekommen.

Gerade da macht die Kindertaufe eigentlich Sinn. Während ein Mensch, der in einem nichtchristlichen Umfeld aufwächst, erst als Erwachsener mit dem Evangelium in Berührung kommt und folglich auch erst als Erwachsener getauft werden kann, ist das bei einem Kind christlicher Eltern anders. Es wächst in den Glauben und die Gemeinde hinein. Wenn dann die Taufe aufgeschoben wird bis ins Erwachsenenalter, kann schnell das Gefühl aufkommen, dass man als Kind noch nicht „richtig“ Christ war, was immer das heißen mag. Das wertet allerdings den Glauben von Kindern grundlos ab.

Neben der Erwachsenentaufe hat deshalb auch die Kindertaufe ihre Berechtigung, eben als Taufe von Kindern aus christlichen Elternhäusern. Wo das nicht der Fall ist, gibt es allerdings auch keinen Grund zur Kindertaufe. Denn wie bei der Erwachsenentaufe geschieht bei ihr nichts Magisches, was ein Kind ohne eigenes Zutun dem Schutz Gottes unterstellt. Wer gerettet werden will, muss Jesus vertrauen, die Taufe ist dafür nur ein äußeres Zeichen, das so wenig das Heil schaffen kann, wie ein Ehering die Ehe macht.

Kinder- und Erwachsenentaufe können daher nebeneinander existieren. Denn jede unterstreicht zudem einen wichtigen Aspekt des Glaubens: In der Kindertaufe wird deutlich, dass Gott alles getan hat, was nötig ist, bevor wir etwas tun können. In der Erwachsenentaufe wird dagegen klar, dass der Mensch auf Gottes Handeln bewusst antworten muss. Beides gehört zur Taufe. Auf diesem Hintergrund kann man andere stehen lassen, die anders getauft wurden als man selbst. Und damit kann man auch Kindern in diesem Punkt eine ökumenische Offenheit vermitteln.

Mit Kindern den Sonntag feiern

Wer einmal an die eigene Kindheit zurückdenkt, dem fällt schnell auf, dass man sich eigentlich nur zwei Arten von Erlebnissen wirklich gut gemerkt hat: die außergewöhnlichen und die regelmäßigen. Wir denken an die Einschulung, die erste Liebe, einen besonderen Urlaub oder daran, wie es war, mittags von der Schule nach Hause zu kommen, wie die Eltern abends mit uns gebetet haben und wie die Samstagabende verbracht wurden.

Diese Erkenntnis ist vermutlich so alt wie die Menschheit, nur leider wird sie in der Erziehung unserer Kinder nicht immer berücksichtigt. Besondere Erlebnisse mit Gott können wir unseren Kindern zwar nicht vermitteln, aber wir können dafür sorgen, dass in unserer Familie das regelmäßige Erinnern an Gott und seine Taten stattfindet. Eine gute Möglichkeit dafür ist sicher das abendliche Gebet vor dem Schlafengehen. Das reicht allerdings nicht aus. In Anlehnung an die jüdische Sabbatliturgie haben wir uns als Familie deshalb ein Ritual ausgedacht, mit dem wir bereits am Samstagabend den Sonntag einläuten. Wir feiern am Vorabend des Sonntages, nicht nur weil es am nächsten Morgen immer etwas hektischer zugeht (schließlich will man in den Gottesdienst), sondern auch, weil uns die jüdische Tageseinteilung (Abend – Morgen – Nachmittag) sinnvoller erscheint als die moderne, wonach der Tag von morgens bis abends geht. Wenn der Sonntag am Samstagabend eingeleitet worden ist, ist für uns Feiertag. Alle Arbeit ist zu Ende, wir genießen den Abend. Sonntags ist das leider nicht so einfach möglich, denn hier erfordert die am Montag beginnende Arbeitswoche oft eine Vorbereitung, die den Sonntagabend in Anspruch nimmt.

Wie der jüdische Sabbat beginnt auch unser Sonntag mit einem besonderen Mahl. Hierzu stellen wir ein kleines Kreuz und Kerzen auf den Tisch. Es gibt Knoblauchbaguette, einen Kelch mit (stark verdünntem) Wein und einen besonderen

Nachtisch. Dann beginnt unsere Sonntags-Begrüßung. Sie besteht über weite Strecken aus einem Frage- und Antwortenkatalog. Die Eltern fragen, die Kinder antworten – und lernen durch die Regelmäßigkeit nebenbei zentrale Bibelworte kennen. Wir haben die Liturgie so aufgebaut, dass das Wirken Jesu dabei im Mittelpunkt steht. Das kann man natürlich auch anders machen, etwa so, dass Vater, Sohn und Heiliger Geist im Zentrum stehen. Hier muss jeder sehen, was am besten zur eigenen Frömmigkeit passt. Der folgende Ablauf ist daher als Vorschlag gedacht. Es ist übrigens ein ganz interessanter Prozess, wenn Eltern sich darüber austauschen, was in so eine Liturgie hineinsoll. Was ist so zentral in meinem Glauben, dass ich es in die verhältnismäßig kurze Zeit vor dem Abendessen einbauen möchte? Und welche Texte und Lieder möchte ich meinen Kindern mitgeben?

Vorschlag für eine Sonntagsbegrüßung

Vorbereitung
Auf dem Tisch stehen eine Kerze, ein Teller mit Baguette, ein Kelch mit stark verdünntem Wein

Die Kerze
(Wenn alle sitzen, zünden die Eltern die Kerzen an. Im Judentum ist das die Aufgabe der Frau, bei uns ist es unterschiedlich. Wer die Kerze anzündet, fragt die Kinder:)
Warum ist die Kerze auf dem Tisch?
Weil Jesus sagt: „Ich bin das Licht der Welt. Wer mir nachfolgt, der wird nicht wandeln in der Finsternis, sondern wird das Licht des Lebens haben." (Johannes 8,12)

Ein Lied
(Hier singen wir ein Lied, das Jesus verherrlicht. Welches Lied das ist, hängt von der jeweiligen Gemeinde ab, in der das Lied natürlich auch gesungen werden sollte. Wenn es jeden Samstag dasselbe Lied ist, werden es auch kleine Kinder innerhalb von wenigen Wochen auswendig können.)

Der Wochenpsalm
(Jedem Sonntag ist seit der Zeit der alten Kirche ein bestimmter Psalm zugeordnet. Man findet ihn im Anhang des Evangelischen Gesangbuches oder in den Losungen. Da die Psalmen immer etwas mit dem Thema des jeweiligen Sonntags zu tun haben, beschäftigt man sich automatisch mit den verschiedenen Aspekten der Heilsgeschichte.)

Das Tischgebet
(Das wird frei gesprochen.)

Das Brot
Warum ist das Brot auf dem Tisch?
Weil Jesus sagt: „Ich bin das Brot des Lebens. Wer zu mir kommt, den wird nicht hungern; und wer an mich glaubt, den wird nimmermehr dürsten.“ (Johannes 6,35)
(Nachdem das Baguette gebrochen und verteilt wurde, beginnt das Abendessen. Hierzu lassen wir uns Zeit und hören Musik. Während des Essens erzählt jeder seine „Höhe-“ und „Tiefpunkte“ der Woche: Was hat mir am besten gefallen und wofür bin ich Gott dankbar? Was war nicht so schön?)

Das Kreuz
Warum ist das Kreuz auf dem Tisch?
Weil Jesus sagt: „So steht's geschrieben, dass Christus leiden wird und auferstehen von den Toten am dritten Tage; und dass gepredigt wird in seinem Namen Buße zur Vergebung der Sünden unter allen Völkern.“ (Lukas 24,46f.)

Ein Lied
(Es folgt ein weiteres Lied, in dem Jesus verherrlicht wird.)

Das Samstagabend-Gebet
(Das folgende Gebet stammt aus einem englischen Gebetbuch der mährischen Brüdergemeinde. Die Übersetzung ist von mir.)

Himmlischer Vater,
wir danken dir
für den Sonntag, den du geschaffen hast,

den ersten Tag der Schöpfung,
den Tag, an dem Jesus von den Toten auferstanden ist,
den Tag, an dem du deinen Geist ausgegossen hast.

Wir preisen dich
für diesen Tag in deinem Haus,
für das Erbe unseres Glaubens,
für die Kraft des Gebetes,
für das Wort der Schrift,
für die Inspiration von Propheten und Predigern,
für die Gemeinschaft mit Schwestern und Brüdern,
für das Evangelium von unserem Herrn Jesus Christus,
für die Hoffnung auf eine ewige Herrlichkeit
und dafür, dass wir jetzt schon zu deinem Reich gehören.

Wir beten
für die Vergebung, den Frieden und die Kraft, so zu leben, wie wir es nötig haben,
dass alle, die dich an diesem Sonntag anbeten,
näher in deine Gegenwart kommen,
dass unser Gottesdienst deiner würdig sein möge und eine Feier deiner Gegenwart unter uns,
dass wir den Geist dieser Feier mitnehmen in unser tägliches Leben,
damit die Welt durch unser Leben deine Liebe erkennt.

Lebendiger Herr,
wir denken an die Millionen von Menschen in aller Welt, die dich heute anbeten.
Lass auch uns in diesen großen Chor der Liebe und Anbetung mit einstimmen.

Lass alle, die deine Vergebung und heilende Kraft besonders nötig haben, deine Gegenwart auch besonders erfahren.
Und lass alle, die heute deinen Lobgesang singen, miteinander an deinem Reich arbeiten.

Herr, unser Gott,
erneuere uns, deine Kinder,
reinige uns und erfülle uns mit deiner Kraft,
so dass wir Werkzeuge deiner Erneuerung werden.
Deinem Namen gebührt alle Ehre und Herrlichkeit.
Amen.

Der Wein
Warum ist der Wein auf dem Tisch?
Weil Jesus sagt: „Ich bin der Weinstock, und ihr seid die Reben. Wer in mir bleibt und ich in ihm, der bringt viel Frucht; denn ohne mich könnt ihr nichts tun. Darin wird mein Vater verherrlicht, dass ihr viel Frucht bringt und werdet meine Jünger." (Johannes 15,5.8)
(Wie beim Abendmahl wird der Kelch mit Wein herumgereicht, so dass alle daraus trinken.)

Das Vaterunser

Der Segen
(Hier wird eine Segensformel gesprochen, die die Familie durch die Woche begleitet.)

Ein Familienvater packt aus

Thomas Weißenborn
Im Himmel gibt es keine Windeln
Ein Familienvater packt aus
ISBN 978-3-86122-807-3
128 Seiten, kartoniert

Der Test war positiv? Kein Grund zur Panik – sollte der Schwangerschaftsteststreifen blau anlaufen, müssen Sie es ihm nicht gleichtun! Es ist noch kein Papa vom Himmel gefallen, auch ein Cowboy wie Sie kann das lernen! Sollten „Beckenbodentraining" oder die korrekte Berechnung der Pippistoppintervalle noch böhmische Dörfer für Sie sein, dann folgen Sie dem Autor. Er hat dieses unbekannte Land schon viermal durchritten und weiß, wo es langgeht. Sie werden lachen, Sie werden staunen, vor allem aber werden Sie merken: Jeder kleine Stinkefußindianer ist ein glitzernder Nugget Gottes für Sie!

„Das Beste waren aber noch die Ultraschallbilder. Obwohl ausgedruckt und fröhlich im Verwandtenkreis herumgereicht, ist mir bis heute nicht klar, was darauf eigentlich zu sehen ist. Und wahrscheinlich auch keinem anderen. Aber so etwas gibt Mann ja nicht zu, schließlich ist ein Ultraschall ein technisches Gerät, mit dem Mann sich natürlich bestens auskennt. Beim Arzt blickt er also fasziniert auf einen Bildschirm voller grauer Streifen, die sich mit jeder Bewegung verändern. Ehrlich gesagt war ich mir nie sicher, ob es sich bei den für die Krankenkasse sicher nicht ganz billigen Fotos nicht doch um die Wetterkarte von gestern Abend gehandelt hat …"

Eine Einführung in das Neue Testament

In welchem gesellschaftlichen, politischen und kulturellen Umfeld sind die Bücher des Neuen Testaments entstanden? Wer waren die Autoren? Wann sind die einzelnen Berichte und Briefe geschrieben worden?
Buch für Buch führt Dr. Thomas Weißenborn durch das Neue Testament. Sein besonderes Plus: Er kommt ganz ohne das übliche „Fachchinesisch" aus, schreibt wissenschaftlich fundiert, spannend und informativ. Dabei scheut er sich nicht, unterschiedliche Theorien vorzustellen und auf die jeweiligen Thesen samt Antithesen einzugehen. Über seine Schneisen werden Bibelleser, Hauskreisleiter, Studenten, Mitarbeiter in der Gemeinde – alle, die sich schnell und kompakt Wissen zum NT aneignen wollen – das Buch der Bücher leichter als bisher erobern.

Apostel, Lehrer und Propheten (1)
Band 1: Evangelien und Apostelgeschichte
ISBN 978-3-86122-676-5
256 Seiten, Paperback

Apostel, Lehrer und Propheten (2)
Band 2: Leben und Briefe des Apostels Paulus
ISBN 978-3-86122-710-6
288 Seiten, Paperback

Apostel, Lehrer und Propheten (3)
Band 3: 1. Petrusbrief bis Offenbarung
ISBN 978-3-86122-722-9
224 Seiten, Paperback

Stimmen zu dieser Reihe:

„Beim Lesen dachte ich immer wieder: Es wäre großartig gewesen, wenn ich dieses Buch schon als Student in die Hände bekommen hätte! Thomas Weißenborn zeichnet ein klares und umfassendes Bild der politischen, sozialen und religiösen Bedingungen, in denen das NT entstanden ist. Der Verfasser beweist: Die Beschäftigung mit theologischen Themen muss nichts Langweiliges oder Ermüdendes sein."
Dr. Roland Werner, Marburg

„Das Buch leistet einen sehr grundsätzlichen Dienst, dessen Wert für die christliche Gemeinde nicht hoch genug eingeschätzt werden kann: Es überbrückt den Graben zwischen ‚Theologen' und ‚Laien', der vielerorts immer breiter zu werden scheint. Thomas Weißenborn gelingt es, theologisches Fachwissen auf universitärem Niveau erfrischend allgemein verständlich zu formulieren und damit einem breiteren Publikum zugänglich zu machen."
Guido Baltes, Jerusalem

Ross Campbell
Kinder sind wie ein Spiegel
Ein Handbuch für Eltern, die ihre Kinder richtig lieben wollen
ISBN 978-3-86122-388-7
112 Seiten, Paperback

Eine Frage, die sich wohl die meisten Eltern irgendwann einmal verzweifelt stellen, wenn es zu Hause richtig kracht: „Was mache ich nur verkehrt, wie kann ich es besser machen?“
Ross Campbell hat auf viele Fragen eine Antwort: bedingungslose Liebe. Allerdings – es reicht nicht, wenn wir unseren Kindern sagen, dass wir sie lieben.
Wir müssen es ihnen so vermitteln, dass sie es fühlen und sich angenommen wissen, so wie sie sind.

Kinder sind wie ein Spiegel: Sie reflektieren alles, was wir ihnen schenken. Und wenn wir ihnen viel Liebe schenken, werden sie sich fröhlich und gesund entwickeln.

Die fünf Sprachen der Liebe für Kinder ...

Gary Chapman/
Ross Campbell
Die fünf Sprachen der Liebe für Kinder
ISBN 978-3-86122-335-1
168 Seiten, Paperback

Die ganze Liebe der Eltern gilt den Kindern. Doch wie kann man sicher sein, dass diese Liebe bei den Adressaten auch ankommt? Denn – was versteht ein Kind überhaupt unter Liebe?
Mutter oder Vater können die Muttersprache der Liebe erlernen, die ihr Kind spricht.
Hier sind die fünf verschiedenen Sprachen beschrieben, mit denen Eltern ins Herz ihrer Kinder vordringen können.

In Auszügen auch als Hörbuch erhältlich:

Gary Chapman/
Ross Campbell
Die fünf Sprachen der Liebe für Kinder – Hörbuch
ISBN 978-3-86122-745-8
CD, 74 Minuten Laufzeit

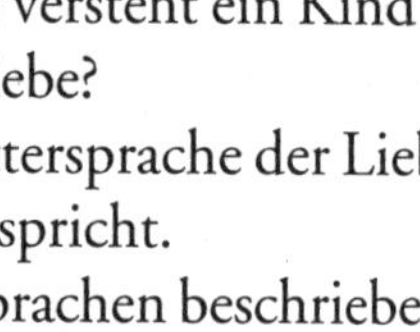

... und Teenager

Die fünf Sprachen der Liebe für Teenager

ISBN 978-3-86122-488-4
256 Seiten, Paperback

Ihr Teenager braucht das Wissen, geliebt zu sein. Doch es ist gar nicht so leicht, Liebe zu vermitteln, denn jeder Mensch verbindet andere Gedanken und Gefühle mit diesem Begriff. Was also sind die Worte, die das Herz Ihres Teenies öffnen?

- Entschlüsseln und lernen Sie die Sprache der Liebe, die Ihr Teenager spricht.
- Verstehen Sie, warum Heranwachsende anders geliebt sein wollen als die jüngeren Kinder.
- Entdecken Sie den Grund dafür, warum manche Teenager sich daneben benehmen.
- Erkennen Sie die besonderen Ansprüche, die eine gute Erziehung heute an Alleinerziehende und Patchwork-Familien stellt.
- Stillen Sie das elementare Bedürfnis Ihres heranwachsenden Kindes nach Liebe, indem Sie die „fünf Sprachen der Liebe“ lernen.

Todd Cartmell
Bruder, Schwester, bester Freund
Vom kreativen Umgang mit Geschwisterrivalität
ISBN 978-3-86122-810-3
254 Seiten, kartoniert

Es muss ja nicht immer gleich zugehen wie bei Kain und Abel – schon die alltäglichen Scharmützel im Kinderzimmer zerknittern unser Nervenkostüm. Und sie blockieren das Potential, das eine Familie hat, deren Mitglieder miteinander arbeiten statt gegeneinander.
Ob Sie alleine erziehen oder zu zweit, ob Sie zwei Goldstücke haben oder einen ganzen Sack davon – Ihre Kinder sollen selbstbewusste und teamfähige Individuen werden, die einen respektvollen Umgang miteinander pflegen.
Dr. Cartmell führt Sie zu diesem Ziel: in zehn einfachen Schritten, mit praktischen Gesprächsmodellen für Familien und einer Fülle origineller Begreifhilfen, vom Tennisball bis zur Stinkesocke...
Was die Familie im innersten zusammenhält, wie man Problemnüsse knackt oder wie man mit nervigen Geschwistern zurechtkommt: dieses Buch bringt Ordnung in jede Beziehungskiste – egal wie verschachtelt sie ist – regt zum Handeln an und macht auch noch Spaß!